JN333788

神に誓って「従軍慰安婦」は実在したか

大川隆法
Ryuho Okawa

まえがき

私の子供の頃、戦後の荒廃から立ち直り、高度成長期に入ると、「日本人はセックスアニマルだ。」という批判が近隣国から始まって、一九九〇年代になると「従軍慰安婦」なるものが登場した。折しも一九八九年のバブル大崩壊後で、宮澤元首相、河野元官房長官、連立政権時の村山富市元首相などが、次々と韓国や中国に謝罪を始めた。社会党の委員長でもできると言われた三木元首相の夫人も「元・従軍慰安婦」なるものの「救済」の呼びかけをやっていたようだ。「日本人は働きすぎだ。儲《もう》けすぎだ。」という自己批判が始まり、三重野日銀と大蔵省銀行局の合作で、せっせと日本の株式の暴落と土地の暴落が押し進められた。何やら目に見えぬ「罪悪感による盲目的衝動」にも見えた。同じ頃、韓国と中国は、日本に追いつけ追い越せの経済運動が盛んで、北朝鮮は、軍事演習の一環としての日本人の「拉致《らち》」を始めた。

戦後の日本人の精神史を再検証したほうがよい。本書は、宗教家が突きつける「神に誓って『従軍慰安婦』は実在したか」のテーマである。詐欺師《さぎし》たちは恥を知るがよい。

二〇一三年　五月二十二日

国師《こくし》　大川隆法《おおかわりゅうほう》

神に誓って「従軍慰安婦」は実在したか　目次

神に誓《ちか》って「従軍慰安婦《じゅうぐんいあんふ》」は実在したか

二〇一三年五月二十一日　収録
東京都・幸福の科学総合本部にて

3 吉元玉《キルウォノク》守護霊の証言

4

韓国には「本物の宗教」が必要

「霊言現象《れいげん》」とは、あの世の霊存在の言葉を語り下ろす現象のことをいう。これは高度な悟《さと》りを開いた者に特有のものであり、「霊媒現象《れいばい》」（トランス状態になって意識を失い、霊が一方的にしゃべる現象）とは異なる。外国人霊の霊言の場合には、霊言現象を行う者の言語中枢《ちゅうすう》から、必要な言葉を選び出し、日本語で語ることも可能である。

また、人間の魂《たましい》は原則として六人のグループからなり、あの世に残っている「魂の兄弟」の一人が守護霊《しゅごれい》を務めている。つまり、守護霊は、実は自分自身の魂の一部である。したがって、「守護霊の霊言」とは、いわば本人の潜在《せんざい》意識にアクセスしたものであり、その内容は、その人が潜在意識で考えていること（本心）と考えてよい。

なお、「霊言」は、あくまでも霊人の意見であり、幸福の科学グループとしての見解と矛盾《むじゅん》する内容を含《ふく》む場合がある点、付記しておきたい。

神に誓《ちか》って「従軍慰安婦《じゅうぐんいあんふ》」は実在したか

二〇一三年五月二十一日　収録
東京都・幸福の科学総合本部にて

質問者　※質問順

小林早賢《こばやしそうけん》（幸福の科学広報・危機管理担当副理事長）
高間智生《たかまともお》（幸福の科学メディア文化事業局部長）
釈量子《しゃくりょうこ》（幸福実現党女性局長）

［役職は収録時点のもの］

1 「従軍慰安婦問題《じゅうぐんいあんふ》」の真実を探究する

来日する〝元従軍慰安婦《じゅうぐんいあんふ》〟は、韓国《かんこく》が発射した〝核《かく》ミサイル〟

大川隆法　今日のテーマは「従軍慰安婦問題《じゅうぐんいあんふ》」です。朝早くからだと、やりにくいテーマですし、私は、この分野について、それほど得意ではないので、「厳しいな」とは思いつつも、これが国難であることは間違《まちが》いありません。

北朝鮮《きたちょうせん》は、日本の交渉《こうしょう》役の内閣官房参与《かんぼうさんよ》が帰ったあと、三日続けて短距離《たんきょり》ミサイルを発射しましたが、この従軍慰安婦問題では、「五月二十四日に橋下大阪《はしもとおおさか》市長に会う」という名目で、二人ほど大韓民国《だいかんみんこく》から来ているそうです。今日は二十一日で、その三日前ですが、それを見てからだと、「ずるい」と思われるかもしれないので、それを見ずに、その二人の守護霊霊言《しゅごれいれいげん》を収録しようと思っています。

この二人は「韓国から発射された〝核《かく》ミサイル二発〟」と見てよいでしょう。これが命中して、「橋下撃沈《げきちん》」「マスコミ撃沈」となった場合、日本は原罪を背負うスタイルになりますが、「それが向こうの目的だろう」と私は推定しています。

韓国に関するものを、いろいろと読んでみたかぎりでは、韓国には、「日本および日本人に対しては、いかなる嘘《うそ》をついても構わない」という風土があるようです。

そのため、日韓の問題には、一般《いっぱん》的な問題とは少し違う面があると思いますが、やはり、結論的に、「真実は何なのか」ということを知りたいものです。

ただ、この問題は七十年以上前の話であり、ほかには調べようもないので、火中の栗《くり》を拾うようなつもりで、当会が守護霊霊言によって調べてみることにします。

もうひとつ気が乗らない面もあるのですが、七十年以上も昔のことに基《もと》づいて、日本国民が十字架《じゅうじか》に架けられるのでは困るので、本当か嘘か、調べてみる必要があるでしょう。そして、「調べることができる可能性は高い」と自分では思っています。

今回、私が会ったこともない二人の〝元従軍慰安婦〟がやってきます。八十七歳《さい》と八十四歳であり、この年齢《ねんれい》で外国まで来て、「自分は慰安婦だった」と言って交渉するのは、まことにお気の毒だとは思いつつも、下手をすると、国民として原罪を背負う状態になるおそれがあるので、「真実は、どうだったのか」ということを知りたいと思っています。

金福童《キムボットン》と吉元玉《キルウォノク》という二人が来るので、まず、この人たちの守護霊を呼ぶことにします。本人と守護霊とでは考え方が少し違うかもしれないのですが、守護霊のほうだと、本心を語る可能性があります。

ただ、守護霊であっても、本心を語らないかもしれませんし、守護霊の考え方が本人とまったく同じであることも考えられますが、守護霊の場合、チョロッと本心を言うこともあるので、いちおう、それを試《ため》してみたいと思います。

以前の韓国は日本の施政《しせい》下にあったので、この二人は日本語教育を受けているはずであり、おそらく日本語が通じるでしょう。

今日の対話者たちと話をしてみて、「どうも決着がつかない。相変わらずだ」と感じられた場合には、引き続き、「エドガー・ケイシー・リーディング」（注。「二十世紀最大の予言者」と言われたエドガー・ケイシー霊による霊査《れいさ》。『従軍慰安婦問題と南京大虐殺《ナンキンだいぎゃくさつ》は本当か？』〔幸福の科学出版刊〕参照）を行い、この二人の守護霊の言っていることや、本人の経歴とされていることが、本当かどうか、追跡《ついせき》し、ケイシー霊がどう思うかを調べてみたいと思っています。

二人の〝元従軍慰安婦《じゅうぐんいあんふ》〟の経歴について

大川隆法　この二人は、「自分は従軍慰安婦《じゅうぐんいあんふ》だった」という話を、一九九〇年代から続けてきています。長年、同じことを言っていたら、自分に洗脳をかけてしまうぐらい、内容をよく覚えていると思うのですが、話の中身が信用できるかどうか、分かりません。

金福童《キムボットン》氏は一九二六年生まれで、八十七歳です。

金氏は、「一九四一年に、軍服のような服を着た男に、『挺身隊《ていしんたい》として工場で働け』

と言って騙《だま》され、中国広東《カントン》の慰安所に連れていかれた。そこでは、ひどい環境《かんきょう》下で慰安婦として働かされ、一日に十五人程度、週末には五十人を超《こ》える兵隊を相手にさせられた。その後《ご》、香港《ホンコン》、シンガポール、スマトラ、インドネシア、マレーシア、ジャワへと、軍隊に連れられて移動を続けた」と主張しているようです。

さらに、「戦後、韓国に帰国した。体を壊《こわ》していたが、一年後には元気になり、慰安婦だった過去を母に告白したが、『結婚《けっこん》しなさい』と言われ、釜山《プサン》で結婚した。しかし、その夫とは一九八一年に死別した」と述べています。

そして、二〇一二年に、吉元玉《キルウォノク》氏と、戦時性暴力被害者《ひがいしゃ》を支援《しえん》する「ナビ基金」を立ち上げています。

最近、日本の沖縄《おきなわ》において、キリスト教系の学院の会館で記者会見を開きましたし、三日後の二十四日には橋下市長と対決する予定になっています。

この金氏は、「一日に十五人程度、週末には五十人を超える兵隊を相手にさせられた」と言っていますが、本当でしょうか。私は「五十人は無理だ」と判断しています。「いくら何でもオーバーではないか」と思うのです。

私が昔読んだ本では、日本人についてですが、「戦地で母が向こうの軍隊に捕《つか》まり、兵士たちに陵辱《りょうじょく》されたが、十人目か十一人目ぐらいに犯《おか》されたとき、母は、ぐったりとし、死んでしまった」と書いてありました。やはり体力的に限界があって、人数が多いと、どうも死ぬらしいのです。

金氏が、こういう生活をずっと続け、香港、シンガポール、スマトラ、インドネシア、マレーシア、ジャワなどを回れるとしたら、オリンピックで金メダルを取れるぐらいの体力を持っていないと無理ではないかと思います。「通常の体力では不可能でないか」という気がするのですが、訊《き》いてみないことには分かりません。

吉元玉氏は一九二八年生まれで、八十四歳です。平安北道《へいあんほくどう》、現在の北朝鮮側に生まれたのですが、今は韓国にいます。

吉氏は次のように主張しています。

「一九四〇年、数えの十三歳、満十一歳のとき、『お金を稼《かせ》がせてやる』という言葉に騙され、親にも知らせずに付いていったら、平安北道から中国・ハルビンの慰安所に連れていかれた。

一九四一年、十二歳のとき、性病治療《ちりょう》と言われた手術で子宮を取られたが、治らなかったので、家に帰された。

ところが、翌年《よくねん》の一九四二年、十三歳のときに、街で、偶然《ぐうぜん》、二年前に連れ出された男に出会った。震《ふる》え上がっていると捕まり、また中国の慰安所に連れていかれたので、あきらめて過ごす日々を送った。

戦後、韓国に帰ったが、南北分断のため、平壌《ピョンヤン》に戻《もど》ることはできなくなった。

その後、養子をもらった。

一九九八年、七十歳を迎《むか》えたときに、テレビで水曜デモ（一九九二年から日本大使館前で毎週実施されている抗議《こうぎ》行動）の様子を見て、従軍慰安婦であったことを申し出た」

この吉氏も、先ほどの金氏と一緒《いっしょ》に、二〇一二年に「ナビ基金」を立ち上げています。

そして、最近、広島の集会に参加し、自分の体験を発表しました。

彼女の話についても、私には、直感的に、「どうかなあ」と思うところがあります。「満十一歳のとき、『お金を稼がせてやる』と騙されて慰安所に連れていかれた。そのあと、十二歳のとき、『性病治療』と言われて子宮を取られたが、それでも治らなかった。そして、子宮を取られた翌年《よくとし》、また慰安婦として連れていかれた」とのことですが、率直《そっちょく》な気持ちとして、「こんなことがあるのだろうか」ということを感じます。

今の女性は、日本人も韓国人も、十二、三歳で、けっこう大人のような体をしているかもしれませんが、当時の女性は、その年齢だと、まだ子供だろうと思うのです。また、「性病治療で子宮を取ることがあるのだろうか」ということや、「そのあと、また慰安所で働けるのだろうか」ということが、率直に疑問として感じられます。

このようなことが本当か嘘か、気になるところです。

「売春婦の存在」と「従軍慰安婦制度《じゅうぐんいあんふせいど》」とは概念《がいねん》が違《ちが》う

大川隆法　もう一つ、言っておきたいことがあります。

これについては、いろいろと意見も出ているので、多言《たげん》は無用かと思いますが、「いわゆる売春婦、ないし、そうした性的な仕事をしている人が昔からいた」という話と、「従軍慰安婦《じゅうぐんいあんふ》制度」とは、概念《がいねん》としては違《ちが》うものなのです。そのことを、やはり、一言、言っておかなくてはなりません。

ソクラテス以前から売春婦のようなものが存在したことは分かっています。それは世界各地に存在したでしょう。したがって、軍事下であれ、そうでないときであれ、また、日本であれ、日本以外であれ、「そういう存在があっただろう」ということは、推測に難《かた》くないと言えます。

ただ、私の調べた範囲《はんい》では、「従軍慰安婦」という言葉自体は戦争中にはなかったと思われます。

例えば、従軍記者や従軍カメラマン、従軍医師、従軍看護婦はいましたし、亡《な》くなった人の葬式《そうしき》をしなくてはいけないので、従軍僧《そう》もいました。このように、民間人であっても、軍に必要な人については、正式に軍所属として連れていました。しかし、「軍に必要なものとして、慰安婦を正式に軍が連れ、各地を転戦して歩いた」という記録は、はっきり言って、ないのです。

「従軍慰安婦《じゅうぐんいあんふ》」という言葉が広がった経緯《けいい》

大川隆法　最初に、「従軍慰安婦《じゅうぐんいあんふ》」という言葉が現れたのは、元・毎日新聞の記者が書いた本においてでした。その本が出たのは、戦後、三十年近くたってからだと思います。

このあと、朝日新聞の記者で、この問題を取り上げた人がいます。その人は、韓国人女性を妻にしたのですが、その韓国人女性の母は、韓国で、そういう女性問題の運動の常任理事か何かをしている人だったようです。彼は、一九九一年ごろから、朝日新聞で従軍慰安婦問題を書きまくり、この問題が世間《せけん》に広まりました。

それは、ちょうど、宮澤《みやざわ》さん（当時の首相）や河野《こうの》さん（当時の官房長官）が、外国に対し、いろいろと謝《あやま》っていた時期です。この時期あたりから従軍慰安婦問題が世間に広がっていきました。それ以前にはなかった問題が一九九〇年代から急に出てきたのです。

一九六五年の「日韓基本条約」締結《ていけつ》のとき、従軍慰安婦が問題にならなかったのは、「そういう制度があり、問題だった」という認識が日韓両国になかったからです。この問題は、あとからできてきたものなのです。

先般、本多勝一《ほんだかついち》氏の守護霊を呼び（『本多勝一の守護霊インタビュー』〔幸福実現党刊〕参照）、「南京事件」や「百人斬《ぎ》り」の記事を検証しましたが、従軍慰安婦問題も、これと同じようなものなのかどうか、検証が要《い》るでしょう。

当時の慰安婦《いあんふ》は「高給取り」だった

大川隆法　従軍慰安婦《じゅうぐんいあんふ》問題では、大阪の橋下市長が、他《た》の政党や国民、マスコミから攻撃《こうげき》を受けてきたのですが、昨日《きのう》発売の「週刊ポスト」（二〇一三年五月三十一日号・小学館発行）では、「ゴーマニズム宣言」の小林《こばやし》よしのり氏が、「若干《じゃっかん》、言わせていただく」という感じで、この問題について発言していました。

小林氏は、「当時の慰安婦は、大卒者の初任給のほぼ十倍の収入をもらっていた。今、大卒者の初任給が二十万円ぐらいだとすれば、慰安婦には二百万円ぐらいの収入があったことになる。日本の場合には、『その収入を得るため、貧しい家が娘《むすめ》を売る』というかたちだったので、その人たちは、それについて口を割ることはない。一方、韓国あたりの人たちの場合には、大卒者の初任給の十倍もの収入が目当てで慰安所に行ったのではないか」というようなことを言っていたのです。

渡部昇一《わたなべしょういち》さんが書いたものにも、「韓国のホテルのなかに慰安婦募集《ぼしゅう》のポスターが貼《は》ってあるのを、写真で見たことがある」というようなことが書かれていました。「セックス・スレイブ（性奴隷《せいどれい》）にされる」ということと、「高給が目当てで慰安所に行く」ということでは違います。

もちろん、そこへ女性を連れていくに当たって、騙し行為《こうい》が介在《かいざい》することはありうるでしょう。

例えば、「東北の農家が娘を売り飛ばした」という話は、日本史の教科書にもよく出ていることですが、事実を知らされず、騙されて連れていかれた人もいるでしょう。

ニューヨークのウォール街に端《たん》を発した大恐慌《だいきょうこう》によって、日本にも昭和五年（一九三〇年）に恐慌が起き、東京帝大《ていだい》の法学部の卒業生でさえ就職できない時代が来ました。そのころ、東北の農村では、「貧しくて娘を売り飛ばす」ということがよくあり、彼女たちは、東京その他《た》で、いろいろなことをさせられたでしょう。そういう事実はあったと思います。

その場合、多くの人は、「家を助ける」という意識を持ち、自分が売られたことを知っていたと思いますが、なかには、騙されて連れていかれた人もいたかもしれません。そのことは認めます。

ただ、「日本軍が、制度として、そういうことを行っていた」という言い方には問題があります。

今日発売の週刊「フラッシュ」（二〇一三年六月四日号・光文社《こうぶんしゃ》発行）を私はまだ読んでいないのですが、新聞広告を見ると、「米兵が韓国軍の慰安婦を活用している」という話を載《の》せているようなので、マスコミからも少し反撃が始まったようです。

私としては、「なるべく中立でありたい」とは思いますが、〝元従軍慰安婦〟の話が本当かどうか、調べたいと思います。

この問題では「正しい報道」がなされない可能性もある

大川隆法　今日の霊人《れいじん》たちは、私としては、あまりウェルカム（歓迎《かんげい》）ではないので、できれば、ほかの人に霊言現象を行ってもらいたいところです。Uさんだったら……。（聴衆《ちょうしゅう》を見回して）どこかに座《すわ》っているのでしょうか。Uさん、今日は、いませんか。あ、いました（会場笑）。

しかし、Uさんだと、おそらく、大阪のおじさんかおばさんのような感じになるだろうと思います。それでもよいのですが、今日は、言葉の一つひとつが、国際問題になる可能性を含《ふく》んでおり、乱暴に言うと極《きわ》めて危険なので、言葉を選びたいと思います。そこで、慎重《しんちょう》を期し、恥《は》ずかしながら、総裁である私が行うことにします。

「霊言の途中《とちゅう》で、大声を出して泣くのはやめたい」と、自分では思っているのですが、どうなるか、分かりません。やるかもしれませんが、できたら避《さ》けたいものです。

今日の質問者は、万事《ばんじ》に精通している小林早賢《こばやしそうけん》さんと（笑）、「過去世《かこぜ》で韓国人に暗殺され、韓国併合《へいごう》のもとになった」と噂《うわさ》されている釈《しゃく》さんです。

また、ＮＨＫが、三日後の放送を、どのように行うか、知りませんが、日本の国営放送であることを放棄《ほうき》して、二人が空港に到着《とうちゃく》したところから放送し、橋下さんと会っている場面などを、日本に不利なかたちで報道するかもしれません。

そのため、ＮＨＫに代わって〝一人国営放送〟を志している高間《たかま》さん（元ＮＨＫ職員）にも来てもらいました。今日は、彼に、ＮＨＫの〝脱藩者《だっぱんしゃ》〟として、正しい報道のあり方を試みていただきたいと考えています。

この問題に関して、ＮＨＫは正しい報道をしないかもしれないので、それに対するチェックも入れておきたいと思うのです。

まず八十七歳のおばあさんのほうから始めますが、こういう人の守護霊の霊言をしたことはありません。どのような感じになるのでしょうか。

（小林に）あなたは相手が何であっても大丈夫《だいじょうぶ》ですよね？　口が立ちますからね。

向こうが話すことは、おそらくワンパターンなのではないかと思うので、内容に納得《なっとく》がいかなかったら、エドガー・ケイシー霊による霊査を行い、彼女たちの経歴等が本当かどうか、チェックを入れるつもりです。

『旧約聖書』の「ソドムとゴモラ」の話が思い出される

大川隆法　まことに異例の収録ではありますが、従軍慰安婦問題について、今では、単に、「何人かの高齢者が、生活難に陥《おちい》り、年金代わりに何かを支給されたくて、〝言論の自由〟を行使している」ということだけでは許されないレベルまで来ています。

今後、日韓関係だけではなく、日朝関係、日米関係、日中関係も絡《から》んで、日本の未来の運命を決める、大きな問題になりかねません。

韓国側は、ある意味で、「日本人の原罪をつくろう」としているようにも見えます。

そういう意味において、真実を質《ただ》し、「神に誓《ちか》って、言っていることが正しいのかどうか」ということを調べてみる義務があると私は思うのです。

ここで、私には、『旧約聖書』の「ソドムとゴモラ」の話が、どうしても思い出されます。

ソドムとゴモラは、本当に淫乱《いんらん》で邪悪《じゃあく》な町になり、神の使者が送られても、それを殺しかねないほどだったので、神はソドムとゴモラを滅《ほろ》ぼしてしまいました。

その際、当時の表現としては理解できないのですが、「原爆《げんばく》か」と思われるような描写《びょうしゃ》が出てきます。また、ロトなど一部の人たちは、神の使者に、「そこから逃《のが》れよ」と言われ、逃れたのですが、「後ろを振《ふ》り返ってはならない」と言われていたのに、ロトの妻は、後ろを振り返ったため、「塩の柱」になってしまいました。

そういう話が『旧約聖書』に載っています。

私には、その「ソドムとゴモラ」の話のように、「日本は淫乱と邪悪の国だから、原罪を背負っている。原爆を落とされたのは当然だった」という、アメリカの論理に合ったものをつくられているように思えて、しかたがありません。

今回、「元従軍慰安婦」と称《しょう》する、八十七歳と八十四歳の二人が日本に来て、大阪市長と会って交渉を行います。これは、おかしな話ではあるのですが、「この裏には、韓国系のCIAのようなものがついており、国策として、日本の弱みを握《にぎ》り、日本を揺《ゆ》さぶろうとしているのではないか」という思いも、しないわけではありません。

そういう意味では、大きな問題を裏に含んでいると思います。

「謝ってだけいれば正しい」というわけではないので、マスコミも日本国民も、真実を探究する目を持ったほうがよいでしょう。

2　金福童《キムボットン》守護霊の証言

・不正確な〝元従軍慰安婦《じゅうぐんいあんふ》〟の証言

金福童氏の守護霊を招霊《しょうれい》する

大川隆法　以上を前置きとして、「かつて従軍慰安婦《じゅうぐんいあんふ》制度があり、日本軍が韓国《かんこく》女性を強制徴用《ちょうよう》して、軍属で性的な奉仕《ほうし》をさせた」と言っている代表者二名の守護霊をお呼びし、当会の対談者と話をさせてみたいと思います。

それでは、まず最初に、大韓民国の、八十七歳《さい》と言われる金福童さんの守護霊をお呼びしたいと思います。

金福童さんの守護霊よ。金福童さんの守護霊よ。

どうか、幸福の科学総合本部に降りたまいて、われらに歴史的認識を明らかにしたまえ。われらに真実を教えたまえ。

われらに、日本のあるべき姿と、反省すべき点があるならば、お教えください。また、本人が何らかの間違《まちが》ったことを言っているならば、正直に、それを言ってください。日韓の今後の未来が友好的になりますように、真実について話し合いたいと思います。どうぞ、幸福の科学総合本部に降りてきてください。

（約十秒間の沈黙《ちんもく》）

小林　金福童さんの守護霊ですか。

金福童守護霊　ハアハア、ハアハア、ハアハア。

小林　金福童さんの守護霊ですね?

金福童守護霊　ハアハア、ハアハア、ハアハア、ハアハア。

小林　なぜ、そんなに息が荒《あら》いのでしょうか。

金福童守護霊　ハアハア。私は……。八十七の年寄りがこれだけ言ってんだから、す、す、す、す、素直《すなお》に聞けばいいじゃないの。なんで素直に聞いて、謝《あやま》って、補《ほ》償《しょう》しないの?

小林　まず、この場の趣旨《しゅし》を申し上げますが、ここは宗教法人幸福の科学の総合本部です。

金福童守護霊　知らないわよ！　知らない！　知らない！

小林　ここは、あなたに分かりやすい言葉で言えば、神様や仏様の前の〝お白洲《しらす》〟なんですよ。

金福童守護霊　神も仏もないわよ！　私の、この悲惨《ひさん》な人生に、神も仏もないわよ！

小林　知識として知っていると思いますが、お白洲で嘘《うそ》をついたら、あとが大変なことになりますよ。

金福童守護霊　神や仏がいたら、私は、こんな人生、生きるわけないわよ！

小林　今日は正直にお話をしてください。あなたの個人的な感情では、もはや済まないところまで来ています。あなたは、二日前の日曜日に沖縄《おきなわ》に来て、木曜日には岡山《おかやま》に行き、金曜日には、かつて首相候補の一人とも言われていた大阪《おおさか》市長に会いに行くわけですよ。

百パーセント「公人」です。あなたは、個人の感情云々《うんぬん》ではもう許されないレベルの仕事をしているので……。

金福童守護霊　日本の〝悪〟を暴《あば》いて、世界に知らせなくちゃいけない。

小林　あなたが個人的にいろいろと言っているのならともかく、これだけメディアを動員しているのであれば、それが正確な事実かどうかの検証が入るのは、公人としての当然の責任です。

金福童守護霊　八十七ですよ。死ぬ前の人が嘘を言ってもしょうがない。死ぬ前には嘘は言わない。みんな正しいことを言う。

小林　年齢《ねんれい》を理由に、抗弁《こうべん》はできません。

発言の内容にばらつきがある「本当の理由」とは

小林　では、具体的な質問に入らせていただきます。

あなたは、いろいろな所で発言をされていますが、先週の日曜日の沖縄では、「一九二六年に生まれて、十四歳のときに云々」と言われていました。

一方、ソウルの日本大使館前に違法行為《いほうこうい》として少女像を建てた団体の「韓国挺身《ていしん》隊《たい》問題対策協議会」と「関連する韓国の大学教授」との共同調査で、証言録を取られたのは、一九九三、四年でしょうか。発表されたのは九七年ですけれども。

金福童守護霊　いいことだよね。日本大使館の前につくるのはね。毎日、謝らせるのは、いいこと。

小林　質問を続けますが、そのときの証言では、あなたは、「十五歳」と言っていたのですが、なぜ年齢が違うのですか。

金福童守護霊　日本には、「数え」と「満」があるから、ちょっと違うことぐらいあるでしょうよ。

小林　そういう違いの日数ではないですよ。

金福童守護霊　日本人は、「数え」と「満」が違うでしょ?　一歳や二歳は違うことがある。

小林　また、あなたは、九三年の証言録では、「どれだけ被害《ひがい》があったか」ということを言うために、連れていかれた国として、いろいろな国を並べ立てていましたが、一昨日《おととい》の沖縄での発言では、そのときには言っていなかった国を勝手に追加していますね。

金福童守護霊　（泣く）年寄りをいじめるんじゃないわよ。年を取ったら国ぐらい忘れるのよお。

小林　裁判の証言などでも、「年齢によって、偽証《ぎしょう》やごまかしが許される」というような法律は、韓国を含《ふく》めて世界中どこにもありません。

金福童守護霊　いや、私《わたくし》は、もういじめられて、連れ回されて、どこに連れていかれるかも分からなかったんですよ。どこの島で、どこの国だか、そんなこと、いちいち説明なんかされないので。

小林　まず、二つ答えてください。

金福童守護霊　はい。

小林　なぜ、九三年に「十五歳」と言って、一昨日は「十四歳」と言ったのですか。こだわっている理由は、もう一人の人（吉元玉氏《キルウォノク》）もそうですが、あなたがたは、平気で三歳ぐらいずれて言うのです。一般《いっぱん》的な現象のようなので、あえてお伺《うかが》いしますが、最初は「十五歳」と言っていたのに、一昨日の沖縄では、なぜ一年繰《く》り上げて「十四歳」と言ったのですか。これが一点目です。

二点目は、なぜ、証言録では言わなかった国が、突然《とつぜん》、プラスアルファされて入ってきたのですか。これについて、お答えいただけますか。

金福童守護霊　韓国では、若けりゃ若いほどいいことになってるのよ。日本人は若い女性が好きに決まってるから、若けりゃ若いほどいいわけよ。若けりゃ若いほど、被害が大きくて、悲しみも大きくて、かわいそうじゃないですか。

小林　だから、だんだん開始年齢を下げてきたわけですね？

金福童守護霊　そう。（質問者の釈を指して）「そこの女性が連れ去られて、売り飛ばされて、無理やり性的行為をさせられた」なんて言ったって、誰《だれ》も同情しないんだから。十一歳や十二歳や十三歳や十四歳や十五歳ぐらいだったら、まだ同情されるから、そのくらいまでにしなきゃいけないのよ。

小林　そこで、年齢を下げたんですね。

金福童守護霊　年齢が下がれば、「かわいそうだ」と思うけど、十六歳を超《こ》えたら、普通《ふつう》、大人でしょ？　日本でもそうでしょう？　十六歳から大人でしょ？　結婚《けっこん》できるんでしょ？　「十六歳以上は結婚できる」っていうことは、「セックスしても構わない」っていうことでしょ？　だから、「それまではしない」っていうことは、いちおう……。

小林　意図的に、年齢を下げて提示してきたわけですか。

金福童守護霊　「意図的に」というか……。年齢はよく分からない。本当は、年齢はよく分からないんだけど、やっぱり、十五歳までないと、日本人の悪を暴けないのよ。

小林　そういう理由で、わざと低くしたと？

金福童守護霊　「わざと」っていうか、計算上、そういうことになるわけよ。

小林　そのように計算して、提示したわけですね？

金福童守護霊　いやあ、そういうわけじゃなくてね。もう昔のことで、記憶《きおく》がぼんやりしているから、よく分からない。
もう七十年以上前だから、そんな一年、二年は、よく分からない。

小林　「都合《つごう》が悪くなると、そうやって逃《に》げる」というのは分かりました。

いちばん許せないのは「日本の首相と天皇が謝《あやま》らないこと」

高間　あなたが、今でも、いちばん許せないことは何ですか。八十歳を超えた今も頑張《がんば》って訴《うった》えていますが、いちばん許せないことは何なのですか。

金福童守護霊　それは、やはり、日本の首相と天皇陛下が、私たちに謝《あやま》りに来ないことですよ。それが、いちばん……。

高間　いや、訊《き》きたいのは、あなたの受けた心の傷です。当時、どういう状況《じょうきょう》だったのですか。

金福童守護霊　安倍《あべ》首相と今の天皇陛下がわざわざ韓国まで来て、少女の像の前で花を手向《たむ》け、そして、私たちの所へ来て頭を下げれば、心の傷が癒《い》える。

日本軍は、とりあえず犯罪者にしなければいけない？

小林　では、十四歳か十五歳かは分かりませんが、まず、どこに連れていかれたのですか。

金福童守護霊　目隠《かく》しされて、トラックに乗せられ、移動してるから、どこをどう走ってるんだか。地図を見て……。

釈「目隠しされて、トラックに乗せられた」というのは本当ですか。

金福童守護霊　ええ、ええ。

小林　それは初めての証言です。

金福童守護霊　あ、そうですか。

小林　過去、一回も出ていない発言です。

金福童守護霊　まずかったか。

いや、でも、トラックで、いちおう無理やり連れていくんだから、やっぱり、目隠しをして手ぐらいは縛《しば》らなきゃいけないじゃない？

小林　「手を縛られた」というのも初めての発言です。

金福童守護霊　それでないと、連れていけないじゃないですかあ。

小林　手を縛られたんですね？

金福童守護霊　それはそうだよ。

小林　今まで、沖縄でもどこでも、証言録でも、それだけの強烈《きょうれつ》な証言は、一切《いっさい》、語っていませんが。

金福童守護霊　なんで言わないいんだろう？

小林　なぜ、ここで初めて言うのですか。もし事実なら、いちばんインパクトがあるのに。

金福童守護霊　普通そうですよ。嫌《いや》がるのをおとなしくさせるんだったら、やっぱり、縛って、目隠しをしなきゃいけない。

高間　そのとき、あなたは少女ですよ。少女だったら、羽交《はが》い締《じ》めにすれば、目隠しなんかしなくても連れていけるでしょう?

金福童守護霊　日本軍は、とにかく、強盗《ごうとう》や拉致監禁《らちかんきん》をする人にしなきゃいけないのよ。とりあえず犯罪者にしなきゃいけないの。

小林　犯罪者に仕立てるために、縛られたことにしたわけですね。

金福童守護霊　私たちの自由意志で行ったことにしては絶対にならないので、「自由意志でない」っていうことを言いたいだけよ。

小林　誰からそれを言われたのですか。

金福童守護霊　「自由意志じゃない」っていうことを言いたいわけ。だから、誘拐《ゆうかい》に近い。

小林　あ、誰かから言われましたね？　「誘拐というストーリーにしなければいけなかった」と。

金福童守護霊　うーん、誘拐、かどわかし……。

金福童氏は、本当に「中国の広東《カントン》」へ行ったのか

小林　そのあと、どこで始めたのですか。場所ぐらいは分かるでしょう？　どこに行かれたのですか。

金福童守護霊　うーん……、うーん……。

小林　まさか、「行った場所が、どこだか分からなかった」などとは言わせませんよ。どこですか。

金福童守護霊　まあ、中国の国境のほうだとは思う。

小林　中国の国境の、どのへんですか。

金福童守護霊　よく分からないけど、日本人がいっぱいいいた満州《まんしゅう》のあたりなんじゃないのかなあ。

小林　あなたの証言録では、最初は、中国の広東《カントン》に行ったことになっています。

金福童守護霊　ああ、広東かあ。

小林　いろいろな場でも、そう言っていますが。

金福童守護霊　広東までは距離《きょり》がありすぎる……。陸路なら、すごい距離があるなあ。海から行く手もあるけど、陸路だと広東はちょっと遠いなあ。

小林　あなたは、本当に中国に行ったのですか。

金福童守護霊　そりゃ、そうでしょう。言葉が分からなかったんだから、中国でしょう？

高間　着くまでに何泊《なんぱく》したのですか。目隠しされていても何泊ぐらいしたかは分かるでしょう? 当時、広東までなら、一カ月ぐらいはかかりますよ。

金福童守護霊　いや、もう、それは……。うーん、そりゃ遠いよね。広東に着いて、私は、豚《ぶた》小屋みたいな所に入れられて、外を自由に歩けなかった。広東に着いても市街は見てないから、本当は全然分からないのよ。だから、そのような気がしただけであって……。

高間　なぜ「広東だ」と分かったのですか。

金福童守護霊　なんか、あったかくなったような気がしたから、「南へ来たのかなあ」と思っただけよ。

小林　その程度の認識だったんですね？

金福童守護霊　気温がちょっと上がったから、「南へ来たんだなあ」と思った。

小林　広東には、どのくらいいたのですか。

金福童守護霊　毎日が地獄《じごく》の責め苦だったから、永遠に近い日数だったような気が……。

小林　今は、中身のことではなくて、「そこに、どのくらい、いたか」を訊いているんです。

金福童守護霊　うーん、うーん……。広東に……。

小林　なぜ考えているのですか。あちこちですでに〝証言〟しているんでしょう？　何を今さら考えるのですか。

金福童守護霊　だって、カレンダーなんかかけてないから、分かるわけないじゃないの。

小林　証言録まで取って、記録に残しているでしょう？

金福童守護霊　それは……。

発言するとき、「ストーリーの流れ」を教えてくれる人がいる

小林　あなたは、一昨日、沖縄で、そうとうテレビに映っていましたが、スパスパと答えて、すごく言論明晰《めいせき》でしたよ。

金福童守護霊　それは、ちゃんと練習して……。

小林　練習したわけですね？

金福童守護霊　〝つくってくれる人〟がいるから、助かる……。

小林　そういう話は聞いたことがあります。

金福童守護霊　「年寄りで、思い出せないこともあろうから、こういうふうに言うんだよ」と言って、教えてくれる人がいるから……。

小林　ストーリーの流れをつくってくれる人がいるわけですね？

金福童守護霊　それはそうだよ。

小林　沖縄では、その人に合わせて、プレイ、つまり、演技をしたと？

金福童守護霊　うん、まあ、そうだけど……。

私は、（広東に）何日いたかは分からない。けど、南のほうだから、このへんじゃないかなと思う。ラーメンを食べたことがある。うん。あれは、広東ラーメンなんじゃないかと思う。

高間　ラーメンはどこにでもありますよ。北京《ペキン》ラーメンもあります。

金福童守護霊　ああ、でも、味がちょっと違う。広東ラーメンは、ちょっと味が違うので、なんか……。

高間　初めて食べて、なぜ分かるのですか。

金福童守護霊　隣《となり》の人が、「広東ラーメン」って言ってたような気がする。食べ物は、多少は出たから、ラーメンが出るのは中国だと思うし、あれは中国の南だと思う。

「連れていかれた所が分からない」というのは証言録と矛盾《むじゅん》

小林　そのあとは、どうしたのですか。

金福童守護霊　ええと、なんか、分からないけど……。

小林　なぜ考えているのですか。

金福童守護霊　適当なときに、船に乗せられたような気がする。それで、「南のほうに日本軍がいっぱい展開しているから、順繰りに島を巡《めぐ》って、慰安する」っていうようなことを聞かされた。

小林　どこで？

金福童守護霊　「どこで？」って、広東らしき所から行くときに……。

小林　そこから、どこへ？

金福童守護霊　どこかは知らんけども。

小林　要するに、自分では自覚がなかったのですね？

金福童守護霊　分からなかったよ。そんなことを言うわけないじゃない？　「どこへ連れていきます」なんて言うわけがないじゃない？

小林　何十年もたって、証言したり発言したりしたときには、そういうストーリーをつくって振《ふ》り付けてくれた人がいたわけですね？

金福童守護霊　いやあ、でも、気がついたら、なんか、南のジャングルのような場所ではありましたよ。だから、南の島なんですよ、うんうん。確か、南の島だったんだ。広東ラーメンが出る所でなかったから、南の島だったのよ。海南島だか、ジャワだか知らないけど、なんか、船には乗って、島へ行ったよ。

小林　島や都市の名前をいろいろと出し入れされていますが、要するに、「記憶がない」というか、「そもそも知らなかった」ということですよね？

金福童守護霊　そんなの、分かるわけないじゃないの？　戦時中に分かるわけがないでしょう？

小林　もし、あなたの主張どおりだったとしたら、東南アジア諸国巡りをしたことになるわけですが、「それなのに、国の名前も都市の名前も全然分からない」というのは、すごい話ですね。

金福童守護霊　豚小屋みたいな所へ入れられて、監禁されて、逃亡《とうぼう》できないようにされてるんだから……。

小林　今、分からないのなら、証言の当時も本当は分からなかったわけですね？

「従軍」でなければ、「慰安婦《いあんふ》仲間が許してくれない」

金福童守護霊　そりゃ、そうですね。

小林　しかし、なぜか証言録には、都市の名前を書かれているし、沖縄では、テレビに対する発言として、いろいろな国や都市の名前を挙げたわけですね？

金福童守護霊　だって、島を移動しなかったら、「従軍」っていうことにならないじゃない？

小林　「従軍した」ということにするために？

金福童守護霊　そうそう。広東でジッとしてたら「従軍」にならないじゃない？

小林　一つ質問させていただきましょう。今の発言でだいたい分かってきましたが、あなたが言った「従軍」というのは、「軍に従って」と書くでしょう？

金福童守護霊　そうそう。

小林　動くわけでしょう？

金福童守護霊　そうそう。

小林　日本軍のなかに、あなたの証言したルートを辿《たど》って移動した師団や連隊は一つも存在しないんですよ。

金福童守護霊　うーん……。私らは、軍の機密は知らないから、分からないわよ。それに、兵隊さんが、いちいち、「私は、何々部隊に所属する、何々でございます」と言うて自己紹介《しょうかい》してから、「これから、やらせていただきます」なんていうようなことはないので、それは分からないんですよ。

もうオオカミが襲《おそ》ってくるようなものなのでね。

小林　「よく分からないことを〝振り付け〟られて、言っていたらしい」ということは分かりました。

金福童守護霊　とにかく、私は、島を幾《いく》つか移動しなきゃいけないのよ。

小林　島を幾つか移動しなければ、「従軍」にならないからですね?

金福童守護霊　いけないのよ。行かなきゃいけない。

小林　実際、そういう軍隊は一つもなかったにもかかわらず、そういうストーリーをつくったわけですね?

金福童守護霊　だから、日本軍がいたと分かってる所に移動したことにしなきゃいけないの！　そうしないと、みんなが許してくれないの！

小林　「みんな」とは誰ですか。

金福童守護霊　仲間。仲間。

小林　仲間とは誰？

金福童守護霊　今は、慰安婦《いあんふ》仲間がいるから……。

小林　ああ、慰安婦仲間ですね。あるいは、協議会の人などでしょうか。

金福童守護霊　そうそう。だから、誰か移動しなきゃいけないの。

・本当は、誰《だれ》に連行されたのか

日本は韓国《かんこく》を放り出しただけで、責任を取ってくれていない?

高間　そもそも、なぜ、そういう話を言い始めたのですか。

金福童守護霊　だってさあ。

高間　生活に困っていた?

金福童守護霊　もちろん、それは、そうよ。生活に困らないで、金が余ってってする人はいないでしょう?

私たちは、当時、国籍《こくせき》では、同じ日本人だったんだから。日本に無理やり、国ごと〝強姦《ごうかん》〟されたのよお。だから、個人が強姦されるぐらい当たり前でしょ？　国ごと〝強姦〟されて、日本人にされてたんだから。

それに、ちゃんとした独立宣言もできたわけではなく、日本が国を放り出しただけなのよ。だから、あと、責任を取ってくれてないのでね。

日本人の軍人の場合は、あと、いろいろと面倒《めんどう》を見てもらえただろうし、家族が死んだ人にも軍人年金みたいなのが出て、日本人は手厚く国から補償《ほしょう》が出ているのに、韓国人《かんこく》にされてしまったら、急に何にも出なくなったじゃない？　それでは老後を生きていけない。

「家族のなかの誰《だれ》かが死んだ」っていうことであれば、軍人年金を、ずーっと死ぬまでもらえるからね。だから、日本人でなくなったのは、すごく損なことよ。

小林　「独立国になりたい」というのは、あなたの国の主張でしたから、それはしかたがないと思います。

金福童守護霊　うん。まあ、それは私の主張じゃないけども。

「栄養失調ぎみの少女」に慰安婦《いあんふ》が本当にできたのか

小林　さらに、証言録によると、慰安婦《いあんふ》をされていたころ、週末は、なかなかお忙《いそが》しかったようですが、訊《き》くのもえぐい話で、私自身、ややはばかるところがあるのですけれども、お一人あたり、どのくらいの時間でされていたのですか。

金福童守護霊　うーん……。時計をしてなかったからよく分からないんだけど、日本人は性欲の塊《かたまり》なので、とにかく、私の体に触《ふ》れるや否《いな》や、もう〝消防車〟みたいになってたような気がするから、どのくらいって……。

高間　「気がする」というのは、どういうことですか。

金福童守護霊　三十秒でいく人もありゃ、五分でいく人もあるし、十分かかる人もあるし、まあ、いろいろよ。

高間　ただ、あなたは、このとき、十代前半ですよ。十代前半で、男を十分や二十分でいかせるとしたら、すごいテクニシャンじゃないですか。

金福童守護霊　昔、美人だったのよお。ものすごい美人だったのよ。

小林　申し訳ないけど、当時は、全般《ぜんぱん》に栄養失調ぎみで……。

金福童守護霊　あ、そうか。

小林　そうでしょう?　栄養失調ぎみで、出る所が出ているわけでもなく、引っ込《こ》む所が引っ込んでいるわけでもなく、そういう、ほのかな匂《にお》いがするわけでもなく……。

金福童守護霊　いや、本当は美しい……。

小林　十四歳《さい》の栄養失調ぎみの女の子が、三十秒とか、五分とか、そういうことを言っても、やはり……。

金福童守護霊　いや、日本兵は獣《けだもの》だから、違《ちが》うのよ。

小林　先般、お呼びした本多勝一《ほんだかついち》氏の守護霊が、「助平《すけべ》なのは韓国人で、それを日本人にすり替《か》えているだけ」というように言っていたので（前掲《ぜんけい》『本多勝一の守護霊インタビュー』参照）、韓国の歴史を調べましたけれども、日本の性的な部分に関して言っている内容は、李氏朝鮮《りしちょうせん》および高麗《こうらい》から始まって、韓国の歴史そのものですよ。

私は、なぜあれほど細かく描写《びょうしゃ》できるのか、ものすごく不思議だったのですが、結局、全部、自分たちの歴史なんですね。

ですから、「日本人は獣だ」などということは言わないほうがいいですよ。まもなく、全部、自分たちに返っていきますからね。

要するに、あなたは、栄養失調ぎみの少女なんですよ。

金福童守護霊　うーん……。そういう者でも襲《おそ》いたくなるほど、日本人は飢《う》えて、おかしかったのよ。

小林　いえいえ（苦笑）。仮に十四歳だったとしても、当時の栄養状態から言えば、今の日本人および韓国人の女性から言えば、十歳前後の体でしょう。そういう人が、一日に男性五十人を相手にできるでしょうか。あなたは、そういう証言をされていますが、恥《は》ずかしいというか、笑ってしまいますね。

金福童守護霊　日本兵は、とにかく、女なら何でもいいのよ。

釈　証言によりますと、「毎日十五人程度、週末は五十人の相手をしていた」とのことですけれども。

金福童守護霊　うらやましい？

釈　日本では、「そのくらいの年齢《ねんれい》の女の子が暴行に遭《あ》い、子宮破裂《はれつ》で亡《な》くなった」

という事件もありまして……。

金福童守護霊　日本人はねえ、オチンコが小さいから大丈夫《だいじょうぶ》だったのよ。ちっちゃかったんだ。

私のは大きかったから、大丈夫だったのよ。

釈　女性であれば、命にかかわるような問題かと思うのですが。

金福童守護霊　うんうん。日本人、ちっちゃいのよ。だから、大丈夫だったのよ。鉛筆《えんぴつ》を差し込まれたようなもんだったのよ。

小林　なかなか、すごい発言ですね。

金福童守護霊　感動しているね？　私が勝った、勝った。勝ったね。

小林　いや、だいたい感じが分かってきました。

金福童守護霊　勝ったね。勝った！　鉛筆って言ったら黙《だま》った。

小林　私たちは宗教団体なので、ここは、そういうことを議論する場ではありません。「議論しろ」と言われれば、そういう分野でもディベートはできますけれども、「この場にはそぐわない」と思って、少し黙っただけです。

そういうふうに話をそらさないでくださいね。

売春はしたが、「日本兵にやられた」と言うほうが有利

小林　要するに、「人から言われるままに、国の数を増やしたり、年齢を下げたり

してきた」というのが、これまでのやり取りでだいたい分かりましたので、そろそろ、本当のことを言いませんか。

最後の慈悲《じひ》で申し上げているのですが、本当に十四歳で中国へ渡《わた》ったのですか。

金福童守護霊　うーん、うーん……。まあ、売春はしたんだけども、「日本兵にやられた」と言うほうが有利なのよ。

小林　実際は、韓国の国内での遊郭《ゆうかく》のほうですか。

金福童守護霊　韓国、北朝鮮、中国……、まあ、日本人もいたかもしれないけど、ちょっと、それをやってるときにしゃべらないから、分からないよなあ。

でも、本当は、日本人がいちばん金払《かねばら》いがよかったのよ。日本人が上客であったことは事実かな。当時、金回りは日本人がいちばんいいのよ。

小林　今のお話だと、「自らの意志で、お仕事として、されていた」ということですよね？

金福童守護霊　いやあ、そうじゃなくて、やっぱり、それは、かどわかされたんだと思うけど。日本人には、バカな人がいるから……。

小林　今、「かどわかす」という言葉が出ましたが、誰がかどわかしたのですか。

金福童守護霊　いや。それは分からないけど、軍隊の兵隊さんみたいな人がかどわかしたような気がする。

小林　気がする？

釈　それは日本人ですか。

金福童守護霊　いや、それは分からない。けども、支配的だったのは日本だから、日本人かもしれない。

釈　あなたは日本語が分かるはずなので、当時、相手が日本人かどうかぐらいは分かりますよね?

金福童守護霊　そう言っても、少女だったから、何が何だか分からない。

釈　少女といっても、十四歳で日本語をしゃべれたわけですから。

金福童守護霊　まあ、それは、そうだけど……。

売春婦ではなく、「日本軍と戦った人」でなければいけない？

小林　朝鮮半島を中心にして、いわゆる「キーセン」（妓生《ぎせい》）という公《おおやけ》の娼婦《しょうふ》がいますが、あなたがキーセンだったかは別としても、「自らの意志で、そういうお仕事をされていて、そのなかの上客は、金払いのいい日本人だった」ということですね？

金福童守護霊　いや。違うのよ。やっぱり、生きていかなきゃいけないからね。別に好きでやっているわけじゃない。生きていかなきゃいけないから、そうであったんで、家が悪いから、そうなったんだ。

小林　もしかして、親御《おやご》さんが売り飛ばした？

金福童守護霊　うーん……、つらいことを訊くねえ。そういう、つらい昔のことは訊かないのよお。この年になったら親は生きてないの。調べられないのよ。

小林　ここは宗教ですから、そういった部分に関してはケアができますので。

金福童守護霊　うーん……。

小林　もっとひどい例はたくさんあるんですよ。当時、朝鮮半島では、朝鮮人のブローカーが女性を誘拐《ゆうかい》するケースも多かったのです。そこまでかわいそうなケースだったのか、それとも、親御さんが売り飛ばしたのか。

金福童守護霊　そうやって連れていって売り飛ばすと、手数料がもらえるからさあ。

そういう業者が朝鮮にいたのは事実だけどね。

小林　そういった方に売り飛ばされたわけですね？

金福童守護霊　でも、彼らも、国籍上は、日本人ということになっているからねえ。

小林　ただ、残っている記録によると、韓国政府の主張とは違い、当時、創氏改名《そうしかいめい》は徹底《てってい》していなくて、韓国名、朝鮮名で、そういうブローカーをやったりしていたのです。調べによると、経営者レベルでは、半分以上は朝鮮名の方だったし、女衒《ぜげん》と言われるブローカーになると、ほぼ百パーセント朝鮮名の方ですよ。これは名前を見れば分かります。

金福童守護霊　うーん……。

小林　そういった方のところに売られたわけですね？

金福童守護霊　だけど、ただの売春婦にしたら、私の人生の生きがいがなくなるじゃない？　やっぱり「日本軍と戦った人」でなければいけないでしょう？

小林　「そういうストーリーにしたかった」ということですね。

金福童守護霊　「あくまでも日本人は悪」っていうのが韓国全体の意志だから、その日本の悪をやっつけたら、その人は英雄《えいゆう》なのよ、女性でも。

「日本人は悪魔《あくま》だから嘘《うそ》をついてもいい」とまくし立てる

小林　もう一段、正直になっていただけると、あなた、および、地上にいるご本人の罪がかなり軽くなるのですが。

金福童守護霊　韓国は嘘《うそ》をいくらついてもいいの！　日本人は、とにかく悪魔《あくま》だから、もう、悪魔に対しては、いくら言ってもいいのよ。

私のおかげで、十三歳の少女像ができたようなもんなんだから。

小林　確認しますけれども、ブローカーというか、女衒の人に、親御さんがあなたを売ってしまったと？

金福童守護霊　よく分からないわよ。そのへんは。どんな話がつけられたんだか知らないわよ。よく知らないけど、まあ、子減らししたんだろうよ。

小林　子減らしねえ。

金福童守護霊　子減らししたんじゃないの？　たぶん。

高間　結局、韓国から外へ出たことがないわけですか。

金福童守護霊　いや。そんなことはないかもしれない。トラックに乗せられたから、どっかに行ったよ。

小林　それは、「どこか」であって、「確認はできなかった」ということですね？

金福童守護霊　「広東《カントン》ラーメンらしきものは食べた記憶《きおく》がある」って言ってるじゃない？

小林　それはソウルでも食べられますからね。

金福童守護霊　そうなのかなあ。広東ラーメンらしきものを食べたよ。ラーメンが違うような気がしたよ。うーん。

それから、日本人の兵隊さんは金持ちだったよ。金払いはずいぶんよかったよ。タダで〝食い逃《に》げ〟する人はいなかったよ。ちゃんとお金をくれたし、チップを弾《はず》んでくれた人もいたよ。

韓国《かんこく》の管理人には暴力を振《ふ》るわれたが、日本兵は優《やさ》しかった

小林　一昨日《おととい》、沖縄《おきなわ》では、「毎日、暴力に遭いながら」といった発言もしていたのですが、今の感じからすると、それは、やはり……。

金福童守護霊　それは管理人だ。管理人が暴力を振《ふ》るうんだよ。「もうこれ以上、

無理です」って言っても、「もうちょっと働け！」って言う。

小林　管理人の大半は、実は、韓国《かんこく》名の方でしたよね？

金福童守護霊　それは、言っちゃいけないことになってる。

小林　言ってはいけないけれども、そうでしたよね？

金福童守護霊　どうせ業者は韓国人よ。うんうん。でも、きっと、日本名も持ってるんじゃないの？

みんな、通称《つうしょう》しか言わないから、本名は分からない。

小林　「日本名を称していたが、実は、韓国のネイティブの方だった」ということですね？

金福童守護霊　分からないのよ。本当の名前が何ていう人なのかは知らない。それは分からないのよ。

正直に言やあ、日本兵は、そんなにひどくなかったよ。優《やさ》しかったよ。

小林　むしろ、誰がひどかったですか。

金福童守護霊　金を払わずに逃げるのは、北朝鮮あたりに住んでる連中や中国人が多かったけど、日本人は、金払いがよかったよ。

小林　特に、戦前には、朝鮮の方が、「中国の人にお金をぼられた」と言って怒《おこ》っているケースがたくさんありましたから、それはよく分かります。

金福童守護霊　うーん……。

あいつらは、金を払わずに平気で逃げるから、管理人も大変なのよ。そうやって〝タダ食い〟されないようにするのが大変だからさ。

〝タダ食い〟されたら、こん棒でお尻《しり》を叩《たた》かれるのよ。「おまえはタダ働きしたのか。バカア！」と言って。

だから、それは絶対させてはいけない。金をしっかり取らないといけないのよ。

小林　今のは、非常に的確で正確なコメントだと思います。「お金をしっかりもらっていた」ということですよね？

金福童守護霊　まあ、直接もらったことは少なくて、なかに入っている人が取ってたんじゃないかとは思うんだけど、直接のもあったような気もするし、ちょっと曖《あい》味《まい》でよく分からないのよ。

小林　人によっては直接分でもらったので、従軍慰安婦だったと称する人のなかには、今の日本円に換算《かんさん》して一億円以上のお金を貯《た》めた人もいるそうですね。

金福童守護霊　フッ。それは、もらいすぎよ。

小林　さすがにあなたが一億ということはないと思いますが、そうは言っても、基本単価が高かったので、手元には、それなりにお金が残りましたよね?

金福童守護霊　負ける前の日本軍の兵隊さんは、金払いはよかったよ。負け始めてからは、だんだん難しくなっていったのと違うかな。

小林　基本的には、そういう関係であって、「暴力行為《こうい》があった」とかいうことではないですよね？

金福童守護霊　暴力は、ほとんど管理人よ。管理人が、暴力を振るってた。

「もう年を取ったから分からない」と逃《に》げる金福童守護霊

金福童守護霊　広東ラーメンは食べたよ。たぶん、広東ラーメンだから、広東に行ったのよ。で、島にも行ったような気がするよ。何となく、船に乗ったような気がするよ。

小林　今の感じだと、島のほうの話は、やや、怪《あや》しいと思います。そういう気がするだけですよね？

金福童守護霊　出れないから、分からないんだよ。暑い所に行ったような気がする。海を越《こ》えたよ。

小林　今の一連の説明のなかには、東南アジアを巡《めぐ》ったことを説明する部分は何もなかったので……。

金福童守護霊　そう言ったって、分からないから、知らないし、出してくれるわけないでしょ？

小林　そんなことを言ったって、船から降りたのなら、港の桟橋《さんばし》ぐらい歩きますよね？

金福童守護霊　あ、そうか。そういうことか。なるほど。

いや、目隠《かく》しされてたかもしれないじゃないか。

小林 「目隠しされていたか、されていないか」も分からないのですか。

金福童守護霊 いや、もう年を取ったから分からないのよ。

小林 九三年に証言を取ったときに、「目隠しされた」という話があれば、大スクープなのですが、一切《いっさい》、そんなことは言っていないのです。九三年当時、分からなかったのですか。

金福童守護霊 うーん……。

小林 「書いていない」ということは、要するに、「そういう事実がなかった」ということになりますけど。

金福童守護霊　私らは、挺身隊《ていしんたい》で軍需《ぐんじゅ》工場みたいな所で働くように言われて、行ったのよ。だから、騙《だま》されたのよ。そのあと、いろいろ、転々と転がされたのよ。だから、基本的に騙したのよ。

高間　誰が騙したのですか。

金福童守護霊　分かんないけど、とにかく、日本軍の手先になってる人が騙したの。

小林　今のご発言は、日曜日の沖縄でのお話とは全然違いましたね。今日は、経緯《けいい》について、今までとは違う説明をしてくださいましたから、その部分については結構かと思います。

金福童守護霊　広東ラーメンを食べたよ。

小林　広東ラーメンを食べたかもしれないけれども、別に、南のほうのパイナップルを食べたわけではないのは分かりました。

金福童守護霊　うーん、パイナップルは……。

・背後にある「韓国《かんこく》政府の思惑《おもわく》」

「従軍慰安婦《じゅうぐんいあんふ》問題」の発端《ほったん》は風俗《ふうぞく》営業取締《とりしまり》

小林　もう一点、お訊《き》きしたいのは、あなたが名乗りを上げたのは、九二年ぐらいですよね。

金福童守護霊　もう忘れたよ。

小林　戦後、数十年たって、突然《とつぜん》、名乗りを上げた経緯《けいい》を教えていただけますか。

金福童守護霊　あのころから、何ていうか、ちょうどその前、日本はとっても景気がよかったんだよね。韓国《かんこく》も後《おく》れて成長してきたんだけど、「打倒日本《だとうにほん》」を一生懸命《いっしょうけんめい》言ってたのよ。国でね。「日本を打倒せよ」っていうことを、一生懸命、言ってた時期だったのよね。

それで、韓国は、キーセンを〝輸出〟していて、国の収入の一割は風俗産業《ふうぞく》なのよ。産業としては、かなり大きな部分を占《し》めてるから、風俗業にも力を入れなきゃいけないんだけど、そのころ、日本が不況《ふきょう》に入ったのよ。

だから、日本に風俗で稼《かせ》ぎに行くのが、ちょっと下火になったのよ。九〇年代に、日本には不況が来たのかな？　知らないけど、なんか急に、日本……。あ、そう。風俗営業取締《とりしまり》かなんかが強化されて、厳しくなったのよ。

確か、そのころ、なんか厳しくなったよ。それで、韓国人ばかり狙《ねら》い撃《う》ちにして、韓国風俗の店を狙い撃ちにしたから、ほとんど資金源をそこに持ってた韓国のヤクザが、「日本は許せない」と怒《おこ》ったのよ。

小林　ああ……。そこが発端《ほったん》ですか。

金福童守護霊　これが資金源だったから。日本は、一回、風俗の取締が、すっごく厳しくなって、新宿《しんじゅく》の歌舞伎町《かぶきちょう》で、ほとんどの店が干上《ひあ》がったときがあるのよ。

そのとき、かわいそうに、ヤクザのお兄さんたちも、職がなくなったりしたことがたくさんあるのよ。それで、「日本はケチな国だ」ということで、「先の大戦の反省が足りてない。韓国人にもっとお金を渡《わた》すべきだ」っていう……。

「韓国《かんこく》街活性化」への圧力としての〝従軍慰安婦《じゅうぐんいあんふ》〟

小林　ああ、なるほど。それで、そこがグルになって、韓国《かんこく》政府のほうにも、政治的に働きかけて……。

金福童守護霊　そうよ。私だって、「新宿と新大久保《しんおおくぼ》の韓国街を、もう一回活性化させろ」と圧力をかけに来てるのよ。北朝鮮《きたちょうせん》と一緒《いっしょ》なのよ。腹が立ったらミサイルを撃つでしょ？

小林　そうですね。

金福童守護霊　だから、私たちも〝ミサイル〟なのよ。

小林　要するに、干上がったので、韓国政府が……。

金福童守護霊　そうなのよ。

小林　今のあなたの証言は、いろいろな動きと非常に符合《ふごう》します。当時、石原信雄《いしはらのぶお》という官房《かんぼう》副長官がいたのですが、「従軍《じゅうぐん》慰安婦《いあんふ》問題が出てきたとき、ファーストコンタクト（最初の接触《せっしょく》）では、韓国政府は、それほど本気ではなかったのだけれども、始まってしばらくして、九一年当時、突然《とつぜん》、手のひらを返したようにギャアギャアギャア言い出すようになった」というのです。

金福童守護霊　そうなのよ。

小林　だから、何らかの圧力が途中《とちゅう》でかかったらしいことは見て取れましたし、彼（石原官房副長官）もそう言っていたのですが、その圧力の発信源と意図と理由がよく分かりました。

韓国《かんこく》政界の主要資金源だった新宿歌舞伎町《しんじゅくかぶきちょう》

金福童守護霊　韓国《かんこく》は、汚職《おしょく》と賄賂《わいろ》の国なのよ。だから、そういう地下経済がすごく大きいのよ。それを見逃《みのが》してやることで、政治家や役人のところに金が入るようになってるのよ。

小林　そういう構造ですね。

金福童守護霊　そちらを締《し》め上げられたら入らなくなる。だから、困るのよ。

小林　要するに、下の社会も、ある意味で韓国政府とつながっていたわけですね。

金福童守護霊　でも、韓国人暴力団だと思ってもらったら困るのよ。韓国の〝外交官〟で来ているのよ。

小林　実は、歌舞伎町《かぶきちょう》が、韓国政界への主要資金源だったのですね。

金福童守護霊　歌舞伎町は資金源よ。ほかの所もあるし、在日もたくさんいるけれども、やっぱり、主として風俗業ばっかりやってるんじゃないの？

小林　そうですね。

金福童守護霊　だいたい、風俗営業系がほとんどで、あとは、地上げ系がほとんど入っているのね。だから、みんなヤクザ絡《がら》みでしょ？　これは、あなたがたから見たら、半分犯罪かもしれないけども、韓国から見たら資金源なの。日本に対する〝輸出プラント〟だし、〝輸入〟でもあるわけで、要するに、「日本から金を吸い上げることは善だ」という基本的な考え方があるの。

「裏の事情」をよく知っている橋下大阪市長《はしもとおおさかしちょう》

小林　これで、今回、橋下大阪市長《はしもとおおさかしちょう》の反応が速かった理由もよく分かりました。橋下さんは、よく事情を知っておられる方ですからね。

金福童守護霊　そりゃそうだよ。知ってるわよ。大阪なんか、たくさんたくさんよ。今も商売をやっているけど、頑張《がんば》らないと、だんだん、また締め上げられるからねえ。「韓国人には手を出すな」って、お触《ふ》れが回って……。

小林　いわゆる政治の圧力の一環《いっかん》だと？

金福童守護霊　そう。そして、フィリピンやビルマやインドネシアの女性が、金をいっぱい儲《もう》けたりしたら困るでしょ？　韓国が儲けられなくなったら困るじゃない？

小林　要するに、「そういう商売をしている韓国の女性を摘発《てきはつ》するな」という……。

金福童守護霊　最近、南米からもたくさん入ってるからさ。

小林　はい。入っていますね。

金福童守護霊　あちらのほうのヤクザが活躍《かつやく》してるから。

小林　ということは、今回、来日された動きには、要するに、韓国政府の意向があるわけですか。

金福童守護霊　とにかく、「韓国に金を送れ」ということよ。

小林　そういうことを、官民一体で言っていると？

金福童守護霊　うん。韓国は、上は腐敗《ふはい》してるけども、上に金を届けたら、とにかく、下におこぼれが流れてくるようになってるのよ。

小林　ああ、なるほど。

金福童守護霊　それは一体化してるの。官民一体なのよ。韓国《かんこく》経済の一割は「風俗《ふうぞく》産業」が支えているという実態

小林　だから、「韓国《かんこく》政府の上のほうに、お金が流れるようにしてくれ」というこ

とですか。

金福童守護霊　ええ。日本人は、統計を本当に冷徹《れいてつ》にやってるんだけど、韓国の統計は違《ちが》ってるからね。風俗《ふうぞく》が一割ぐらいの経済を支えてるのよ。韓国経済の一割を支えてるの。非常に大きな輸出・輸入の三国間貿易であるのよ。うん。

だから、韓国のビジネスマンなのよ。あなたがたがヤクザだと思ってる人は、ビジネスマンなんですよ。

小林　分かりました。いわば主要産業だから、そういうことについてのいろいろな描写《びょうしゃ》が、微《び》に入り細《さい》にわたって非常に正確にできると?

金福童守護霊　現代のものが入ってるから、それは、いくらでもできるでしょ?

小林　ああいう主張ができるわけですね。

金福童守護霊　だけど、タイとか、ほかの国に取られるのは困る。みんな、韓国を嫌《きら》って、タイに行ったり、タイの人が入ってくるのは困るのよ。それは困るからさ。

小林　そういう政治圧力だというのは分かりました。

〝従軍慰安婦《じゅうぐんいあんふ》〟として適当な人を見繕《みつくろ》っている韓国《かんこく》政府

小林　あなたは、政府の人から直接声をかけられたわけではないと思うのですが、でも、そこまで話が見えているということは……。もしかして、直接、声をかけられたのですか。

金福童守護霊　九〇年代はね。まあ、そりゃそうだよ。なんせ、政治運動だもん。

小林　要するに、ガバメント・オフィサー（政府関係者）から声をかけられたわけですね。

金福童守護霊　政治運動だもん。もちろん、それは人を通してやってくるからさ。

小林　それはそうでしょうけどね。

金福童守護霊　直接、やらないのは当たり前でしょ？　それは当たり前だけど、もちろん、「日本をいじめるために協力してほしい」ということは……。

小林　でも、韓国《かんこく》政府は、よく、あなたを見つけましたね。それは、あなたのほうから申告したというか、手を挙げたのでしょうか。

金福童守護霊　いやあ、いっつも調査してねえ、適当なのを見繕《みつくろ》ってるのよ。なるべく、係累《けいるい》というか、身内の難しくない、証人がいないのがいいのよ。

小林　それは、お付き合いのあった韓国挺身隊《ていしんたい》問題対策協議会のほうか何かで見繕って、韓国政府のほうと打ち合わせをし、すり合わせをして、ご指名というか、オファーが来たわけですか。

金福童守護霊　うん、そうなのよ。私は、〝韓国のジャンヌ・ダルク〟なのよ。十三歳《さい》にして、韓国を救おうと立ち上がって、〝日帝《にってい》〟と戦ったの。

小林　（苦笑）本当に十三歳《さい》かどうか分かりませんけれども。

金福童守護霊　戦ったのよ。だから、十三歳の従軍慰安婦《じゅうぐんいあんふ》の像をソウルに建てられて、アメリカに建てられて、日本人は何もできないで、ウロウロして、とにかく謝《あやま》るしかないでしょ？

小林　これから、全部、そのへんの問題解決に入りますので、それは結構です。

“従軍慰安婦《じゅうぐんいあんふ》”は「平和の使節」なのか

小林　最後に、繰《く》り返しになりますけれども、これは、警察の尋問《じんもん》などではありません。言ってみれば、教会の告解《こっかい》をする場だと思っていただいて結構です。自分が事実と反することを話してきたことに関して、宗教の場で告解するようなことはないですか。

金福童守護霊　何よ。韓国の教会は、みんな、私らを支持してますよ。私らを支持して、「日本は悪い。韓国はいい」って言うし……。

小林　いや、韓国の教会の話をしているわけではなくて、真実の宗教の話をしているのです。

金福童守護霊　日本は「エヴァの国」で、韓国は「アダムの国」だというの……。

小林　われわれのほうとしては、これまでされてきた一連のことに関して反省をされ、今後、言動を改められることをお勧《すす》めいたします。

金福童守護霊　いやあ、私は、「平和の使節」よ。やっぱり、これを大事にしなけりゃ、韓国から長距離弾道弾《ちょうきょりだんどうだん》が日本に届くよ。これは、どっちかなんだから。北朝鮮だけが撃てると思ったらいけないのよ。韓国だってミサイルを持ってるんだから……。

小林　今日は、政治談義をする場ではないので、言いませんが……。

金福童守護霊　長距離ミサイルを撃たれる代わりに、私たちが、「平和の使節」として来てるのよ。お詫《わ》びするなら、早くしてください。

「人さらい」は朝鮮《ちょうせん》半島の人の得意技《わざ》

小林　韓国がそのようなスタンスを取ったら、日韓の間に亀裂《きれつ》が入って、あなたの国が北朝鮮《きたちょうせん》に滅《ほろ》ぼされるんですよ。

金福童守護霊　まあ、知らないわよ。

小林　知らないでしょう？　知らないなら、その話はやめましょう。

金福童守護霊　知らないけども……。「北朝鮮は、日本人をたくさんさらった」って言うけど、韓国人もいっぱいさらったよ。

小林　分かりました。ちょっと時間もないので……。

金福童守護霊　人さらいは、朝鮮半島の人の特徴《とくちょう》なのよ。

小林　はい。得意で、特徴ですからね。

金福童守護霊　うん。得意技《わざ》なのよ。

小林　昔から、人さらいは得意ですからね。

金福童守護霊　うん、うん、うん。

小林　それはよく知っています。分かりました。

（他の質問者に）あとは、何かありますか。

・日本から手引きする者の存在
韓国《かんこく》大統領の〝特命〟を受けた「事実上の公務員」

高間　日本のマスコミからの接触《せっしょく》については、どうですか。

金福童守護霊　来るよ。でも、だいぶ慣れてきたからさ。基本的に、日本のマスコミは阿呆《あほう》だから、日本の悪い話を聞きたがって、いくらでも信じるもんね。

小林　あなたに、〝振《ふ》り付け〟をされた方は、具体的に、どんな方ですか。

金福童守護霊　うーん……。いやあ、たくさん裏はついてるよ。最終は大統領まで続いてると思うよ。たぶん、大統領の〝特命〟が出てると思う。

小林　大統領の〝特命〟でやっているのですね。

金福童守護霊　韓国《かんこく》の外務省筋から、情報機関から、いろいろ絡《から》んでると思うよ。

小林　はい。はい。

金福童守護霊　だって、八十七のばあさんが、日本になんか来れるわけないでしょう?

小林　普通《ふつう》は、来られるわけがないですよね。

金福童守護霊　うん。来れるわけがない。だから、私は「公務員」なのよ、事実上。「何をどう話すか」の〝振《ふ》り付け〟をしたのは新聞社の人

小林　実際、あなたが沖縄《おきなわ》などで出演されたときに、具体的に、「こうしゃべりなさい」と、内容について、〝振《ふ》り付け〟をしてくれた人は、どんな方でしたか。

金福童守護霊　うーん、うーん……。

小林　日本人とかもいませんでしたか。いたでしょう?

金福童守護霊　うん。まあ、新聞社の人はいたような気がする。

小林　例えば?

金福童守護霊　よく分からないけど、記事を書くような人はいたような気が……。

小林　ああ、新聞社の人が〝振り付け〟をしたのですね。

金福童守護霊　うん、うん、うん。

小林　うーん、なるほど。

質問者を誘惑《ゆうわく》しようとする金福童守護霊

小林　私から最後の質問です。その〝振り付け〟に関して、先ほども申し上げましたが……。

金福童守護霊　あんた、いい男ねえ。

小林　話をそらさないでください。そういう議論には乗りませんから。

金福童守護霊　あ、そうお？　安くしとくわよ。

小林　今の一言は、しっかり記録させていただきます。

金福童守護霊　ええ？（会場笑）
八十七の女性なんて、めったに抱《だ》けないわよ。

小林　今の一言も、記録しておきますよ。

金福童守護霊　ええ?

小林　私は、一切、強制していないのを記録しておきますね。

金福童守護霊　日本人だから……。

小林　彼女が、今、すべて、百二十パーセント、自発的意志に基《もと》づいて発言されたのを、よく記録しておきたいと思います。

金福童守護霊　日本人ですから、八十七歳《さい》だって、やる気はあるでしょう?

小林　……。

金福童守護霊　あんたがたが、それを肯定《こうてい》してくれたら、日本の原罪が確定するのよ。

小林　それは肯定しません。

NHKの番組で〝従軍慰安婦《じゅうぐんいあんふ》〟の手引きをした某《ぼう》女性議員

小林　私の最後の質問は、先ほどの〝振り付け〟の話なのですが、最初期に、一人二人がワアワア大騒《おおさわ》ぎをした〝従軍慰安婦《じゅうぐんいあんふ》〟の出身の人がいて……。

金福童守護霊　日本に、手引きがいっぱいいたのよお。三木《みき》元首相の奥《おく》さんなんか、手引きを一生懸命《いっしょうけんめい》やったよお。

小林　うん。手引きしたのですよね。それも知っていますよ。

金福童守護霊　だから、知ってたよお。

小林　うん。

金福童守護霊　知ってたから、面白《おもしろ》いじゃないの。

小林　それを知っていたのですね。

金福童守護霊　うん。だから、私は〝外交官〟なのよ。

小林　三木元首相の奥さんは、ちょっと古いので、現在の現職の人の話をしたいのですけれども。

金福童守護霊　うん、うーん。

小林　記録によると、最初期に出てきた人は、本当は父親に売り飛ばされたのに、「自分は軍隊に強制連行されたのだ」という話にすり替《か》えて……。

金福童守護霊　全部、そういう話はいいのよお。

小林　ＮＨＫの番組に出演するときに、経験がないものだから、そのすり替えた部分について、一生懸命、しゃべり方を振り付けた、日本人の女性弁護士がいます。

金福童守護霊　うん。

小林　その人は、その後、国会議員にもなっている、超《ちょう》有名な方なのですが、「その人が、ＮＨＫのスタジオのなかで、一生懸命、彼女にしゃべり方を振り付けていた」ということを、その番組をつくっていたディレクターが、その後、頭にきてＮＨＫを辞《や》めたあと、発言していました。

あなたの周りにも、そういうことはあったのですか。

金福童守護霊　ＮＨＫだって、韓国に駐在員《ちゅうざいいん》を置かせてもらうために、大変なんだからね。

小林　ええ。

金福童守護霊　やはり、便宜《べんぎ》を図《はか》らないと大変なんだから。

「左翼《さよく》のクリスチャン」からバックアップを受けている

金福童守護霊　（国会議員の）彼女は、クリスチャンでしょう？

小林　はい。

金福童守護霊　クリスチャンは、韓国の教会も、沖縄の教会も、みんな手をつないでる。日本のクリスチャンには、左翼《さよく》が多いのよ。

小林　そういえば、あなたは、確か、沖縄のキリスト教の大学で、集会をやりましたよね。

金福童守護霊　先の大戦で反戦運動をやっていたクリスチャンたちには、左翼の連帯が……。

小林　そうそう。つながっているのですね。

金福童守護霊　そういう歴史があるから、クリスチャンは、今、バックアップしてくれてんのよお。

小林　もう一人の人も、やはり、同じ時期に、広島県の福山市《ふくやまし》で集会をしましたが、あれも、確か教会でしたよね。

金福童守護霊　クリスチャンは反戦で、反右翼なのよ。まあ、そうでないのもいるけどねえ。だけど、戦争中に、投獄《とうごく》されたのが、いっぱいいるでしょう?

小林　ああ、分かりました。そういうつながりですね。

金福童守護霊　だから、今、われわれの運動と一体化してるよ。

小林　では、日本軍「慰安婦」問題を考える会の福山支部とか、沖縄支部とか、いろいろありますけれども、基本的に教会組織が多いという……。

金福童守護霊　クリスチャンが多いね。

小林　ああ……。

嘘《うそ》をついたことへの反省がない金福童守護霊

高間　モーセの十戒《じっかい》には、「汝《なんじ》、偽証《ぎしょう》すべからず」とあります。嘘《うそ》は、イエスも喜ばないでしょう?

金福童守護霊　だけど、「汝、犯《おか》すなかれ」と言うんでしょう?　へへへへ、やっちゃったあ!　ざまあ見ろ。〝NHK〟が負けた、負けた、負けた。こっちが先や。「姦淫《かんいん》するなかれ」が先や。ハハハハハ。ざまあ見ろ。

高間　でも、あなたは嘘をついていますよ。それは、どうなんですか。

金福童守護霊　まあ、私は、敬虔《けいけん》なクリスチャンになろうと思うたこともあるのよ。

高間　では、嘘をつくのはやめましょうよ。天国へ行けませんよ。

金福童守護霊　でも、韓国のキリスト教会は、日本を非難しているんですよ。

小林　分かりました。最後にいろいろ申し上げたのは、あなたへの仏の慈悲《じひ》、あるいは神の慈悲だったのですが、こういう機会は、さすがにもうないでしょう。

金福童守護霊　日本人は何でもいいから反省すればいいのよ、とにかく。

小林　あなたご自身が、反省する気持ちを持ってください。

金福童守護霊　だって、被害者《ひがいしゃ》だもん。なんで反省しなきゃいけないの？

小林　分かりました。

「ここまで来たら、死ぬまで引けない」と頑固《がんこ》に言い張る

小林　その路線で通されるだろうというのは予想していましたが、最後の慈悲として、今、地上にいらっしゃる魂《たましい》のきょうだいに、少し言動を慎《つつし》まれるように、要するに、正確なことをしゃべるように……。

金福童守護霊　私は、ここまで来たら引けませんよ。もう、死ぬまで引けませんね。

小林　そうすると、怖《こわ》い閻魔《えんま》様が待っているのですが。

金福童守護霊　そんなもん、信じません。

小林　分かりました。私は、いちおう申し上げましたので、義務は果たしました。

金福童守護霊　私は、イエスみたいなもんなんだからさ。

小林　ああ、そういう解釈《かいしゃく》なんですね。

金福童守護霊　受難ですよ。受難したの。

小林　いずれにしましても、客観的で正確な事実がよく分かる描写《びょうしゃ》をしていただきましたので、その点に関しては、感謝申し上げたいと思います。

金福童守護霊　いや、本人は、私よりしっかりしてるからさ。

小林　どうもありがとうございました。

金福童守護霊　うん。頑張《がんば》るよ。うーん。

大川隆法　（手を一回打つ）はい、どうもありがとうございました。

小林　どうもありがとうございました。

大川隆法　はい。お帰りください。

3 吉元玉《キルウォノク》守護霊の証言

・すべては「作り話」なのか

「日本なんか、滅《ほろ》びちゃえ！」との第一声

大川隆法　だいぶ時間がかかりましたね。二つやったら、終わりになりそうです。それでは、次に行きましょう。

吉元玉さん、八十四歳《さい》。「十三歳で、中国のハルビンに連れていかれて慰安婦《いあんふ》にされた」という人です。この人も来日しているのですね。

まあ、〝怪《あや》しい年齢《ねんれい》〟ですが、七十歳未満の日本人は、もうほとんど分かりませんからね。

それでは、現在、八十四歳で、今、日本に来て大阪《おおさか》市長に会おうとしている吉元玉さんの守護霊を、お呼びしたいと思います。

吉元玉さんの守護霊よ。

どうか、幸福の科学総合本部に降りてきてください。

（約十五秒間の沈黙《ちんもく》）

吉元玉守護霊　へへ……。

小林　吉元玉さんの守護霊ですか。

吉元玉守護霊　日本なんか、滅《ほろ》びちゃえ！　滅びろ、滅びろ！　滅びちゃえ！

小林　吉元玉さんの守護霊ですね？

吉元玉守護霊　滅びちゃえ、滅びちゃえ！　滅びちゃえ、滅びちゃえ、滅びちゃえ、滅びちゃえ！　こんな悪い国、滅びちゃえええ！

小林　いろいろおっしゃっているのは結構ですが、いちおう、最初に申し上げておきます。今日のこの場は、神様と仏様の前の〝お白洲《しらす》〟の場ですから、そのおつもりでご発言ください。それを申し上げておきます。

吉元玉守護霊　日本に神様なんかいるもんか！

小林　いるんですよ。それは、いずれ分かりますから。

吉元玉守護霊　おまえらは、朝鮮《ちょうせん》半島まで来て、鳥居《とりい》をいっぱい建てたのに、戦後、焼いて気持ちよかったわ。ふん！

小林　国家神道《しんとう》の話は、別途《べっと》、おくとしまして、質問に入らせていただきます。

吉元玉守護霊　うーん……。

「慰安婦《いあんふ》になった年齢《ねんれい》」が証言のたびに違《ちが》う理由

小林　あなたの証言録を見ますと、なかなか面白《おもしろ》くて、いちばん多いのは、「十三歳のとき」というのがあるのですけれども……。

吉元玉守護霊　いいねえ。十三歳はいいねえ。

小林　それ以外にも、十二歳のときとか……。

吉元玉守護霊　あ、十二歳もいいねえ。

小林　あなたは、ここ数年間、日本国内を〝巡業《じゅんぎょう》〟しておられるようですが、初めて連れていかれた年齢《ねんれい》が、十三歳になったり、十二歳になったり、十五歳になったり、はたまた十一歳になったり、〝巡業〟のたびに年齢が違《ちが》っているのは、なぜですか。

吉元玉守護霊　あのねえ、ちょっと勘違《かんちが》いがあるかもしれないけども、韓国《かんこく》人は、「日本人は、青いつぼみが好きだ」と、みんな思ってんのよ。

小林　先ほどの方も、そうおっしゃっていました。基本的に、出てくる人が、みな、同じことを言うのですが……。

吉元玉守護霊　ロリコンだと思ってんのよ、韓国人は、みんな。

小林　そう発言するように、教育というか、指導をされているのですね。

吉元玉守護霊　罪が重くなるからね。

小林　要するに、年齢を下げたほうが、罪が重くなると？

吉元玉守護霊　だってね、二十歳《はたち》を過ぎた人が売春したってさ、誰《だれ》も同情しないじゃん？

小林　基本的に、そういうストーリーをつくらなければいけないのですね。今日、たまたま来ていただいた二人が、まったく同じ証言をされたので、これは、かなりの信憑性《しんぴょうせい》と客観性があると思います。

吉元玉守護霊　だから、日本の法律で未成年に当たる年齢でなきゃいけないわけよ。日本で、未成年を犯《おか》したら、罪になるでしょ？

小林　要するに、そういう年齢なら何でもよくて、その場によって、十五歳と言ったり、十二歳と言ったり、十三歳と言ったり、適当なことを言っているわけですね。

吉元玉守護霊　風俗《ふうぞく》営業で働いても逮捕《たいほ》されるでしょ？

年齢《ねんれい》がちょうど合うので「選ばれた」だけ？

釈　連れていかれたとき、実際には、何歳だったのですか。

吉元玉守護霊　あ？　そんなの知るわけないじゃない。そんなの分からないわよ。

釈　「知るわけない」って……。

吉元玉守護霊　だいたい、そのあたりよ。

釈　それは、十一歳ですか。十二歳ですか。十三歳？　十四歳？　十五歳？

吉元玉守護霊　よく分からないわよ、そんなの、もう。

釈　だいぶ幅《はば》がありますが。

小林　客観的に言って、十一歳と十五歳では、体のつくりが全然違うのですが、どちらなのですか。

吉元玉守護霊　うーん、よく分からないわよ。でも、だいたい、そのくらいの年よ。よく分かんないわよ。そんなの……。

釈　それは、「つくっている」ということですか。

吉元玉守護霊　え？　何？

釈　話をつくっているのですか。

吉元玉守護霊　「つくっている」というか、年齢《ねんれい》がちょうど合うから、私が選ばれたんでしょ？　それだけのことじゃない。何よ。

「日本軍による被害《ひがい》」としてつくられた子宮の病気の話

高間　そんな幼いときに、何があったのですか。

吉元玉守護霊　いや、病気になったのよ。

小林　今、「選ばれた」とおっしゃいましたが、要するに、先ほどの方と同じように選ばれたのですね？

吉元玉守護霊　選ばれたの。「選ばれた」って、病気になったのよ。だから、確かに、子宮の病気になったのよ。子宮の病気になって、手術しなきゃいけなくなったのは本当よ。

単に、「病気で子宮を取り出した」と言うたら、なんか、一家の遺伝みたいな、病気体質としか思われないけど、それを、美談につくり上げて、日本軍によって、すごい被害《ひがい》に遭《あ》ったようにしたら、面白いでしょ？

小林　〝面白い〟ですよね。今のお話を総合すると、「満州《まんしゅう》だの何だのという話が出る前に、そもそも子宮の病気の話があった」ということですよね。

吉元玉守護霊　そうだね。事実はあったわねえ。

小林　それが事実ですね。

吉元玉守護霊　だから、それと絡《から》めたら面白いじゃない？　未成年の若い女性が、子宮を取らなきゃいけないような病気にかかって、手術もして、そのあとに慰安婦《いあんふ》に売られたら、もう涙《なみだ》がチョチョ切れるような悲しい悲しい話になるでしょ？

小林　いやいや。あなたのこれまでの発言では、まず、慰安婦に売り飛ばされたあとに、子宮の病気になったと……。

吉元玉守護霊　あ、そうだ、そうだ。そういうことに……。

小林　言っていることが、全然、違うんですよ。

吉元玉守護霊　いや、それは、原因がなければ病気にならないから……。

小林　要するに、言っていることが、いいかげんであることが分かりました。

吉元玉守護霊　だから、性病をうつされて、子宮が……。

日本軍を貶《おとし》めるために捏造《ねつぞう》されたストーリー

小林　ちょっといいですか。

あなたの数々の証言によると、「まず、慰安婦として連行された。そのあとに、二年ぐらいして子宮の病気になり、摘出《てきしゅつ》手術を受けた。それで、しかたなく故郷《こきょう》へ戻《もど》ってきた」というストーリーになっています。

ところが、今、あなたがおっしゃった話は、全然、逆ですよね。

吉元玉守護霊　ああ。ちょっと忘れたのよ。

小林 いやいや、忘れたのではないでしょう。さっき、そう言ったではないですか。まあ、だいたい分かりました。「先に子宮の病気があった」ということですね。

吉元玉守護霊 それは日本人のせいにしたいじゃない?

小林 ああ、そういうわけですか。

吉元玉守護霊 うーん。

高間 しかし、子宮の病気であれば、大人になってからの話ですよね。

吉元玉守護霊 そうなんだよねえ。普通《ふつう》、大人でないとならないねえ。子宮の病気は、子供ではならないわねえ。

だけど、「日本人の性的暴行によって子宮の病気になった」というのは、何となくありそうな気がする。

小林　今の話を総合すると、実際に子宮の病気にかかり、摘出手術はありましたが、それは、客観的に見ても、また、ご自身も認められたとおり、大人の年齢になってからですね。今のあなたの発言によれば、「子宮摘出のあとに売り飛ばされた、もしくは、強制連行された」ということになります。

そうなると、これまで、あなたがおっしゃっていた「十三歳で連行された」という事実は存在しないことになりますが、そういうことでいいですね？

吉元玉守護霊　うーん、売春婦はしてたのよ。そして、性病にかかったのよ。だから、子宮の病気に何度か、なったのは本当なのよ。

小林　それは、幾《いく》つぐらいのときですか。

吉元玉守護霊　ええ？　「幾つ」と言ったって、知らないけど。

小林　でも、二十歳《はたち》は超《こ》えていたのではないですか。

吉元玉守護霊　うーん、まあ、売春婦をしているうちに、性病にかかったのは事実で、子宮の病気になったのも事実で、子宮を取らないといけなくなったのも事実だけど、それを、「日本軍と絡めたほうが、ストーリーとしてはいいですね」と言ってくれた人がいたので、「なるほど。それはいいアイデアだなあ」とは思った。

小林　いいアイデアで、物語が創作されたわけですか。

吉元玉守護霊　そう、そう、そう。できた。できた。

小林　はい、分かりました。実際には、満州に行ったわけでも、河北省《かほくしょう》の石家荘《せっかそう》に行ったわけでも、何でもないわけですね。

吉元玉守護霊　いやあ、それは、アリバイをつくるためには見に行ったわよ。

小林　あとから見に行った？

吉元玉守護霊　うん、うん。

小林　それは、戦後ですか。

吉元玉守護霊　戦後かどうか、よくは知らないけど、行ったことは行ったから……。

小林　アリバイづくりのために、あとから見には行ったのですね。

吉元玉守護霊　行ったわよ。それは、行ったわよ。

小林　「訪《おとず》れはした」ということですね。分かりました。

「十一歳《さい》の売春婦などいるわけがない」という居直り

吉元玉守護霊　十一歳《さい》ぐらいで、子宮の病気になんかならないわよ。

小林　なるわけないですよね。

吉元玉守護霊　その前に、売春婦なんかできるわけないでしょう。

小林　そうですよね。

吉元玉守護霊　十一歳の売春婦なんか、いるわけないじゃない？　バカじゃないの？　日本人って、本当にバカなんじゃない？

小林　十一歳の栄養失調の女の子に対して、そんな気にはなりませんよね。

吉元玉守護霊　「昔」と「今」の区別がつかないのよ。

今は、韓国でも「少女時代」みたいなのが流行《はや》っていて、「韓国の女性は成長が早くて、大人になるのが早い」と思っているから、「十三歳にもなったら、もう、プリプリの女性だ」と、みんな思っているのよ。日本人はバカだからさ。
ちゃんと、そこに付け込《こ》んでるのよ。まあ、そんなもんよ。

小林　そこに付け込んで、創作されたわけですね。

吉元玉守護霊　そう、信じちゃうもんね。「韓国人は成長が早いんだなあ」とね。
韓国人は大きい人ばかりをテレビに出してスターにするからさ。
日本人は、大きいのは好きではないけど、韓国人にとっては、「大きいのほど美人」
ということになってる。それで、年が若くても、成長のいいやつだけを出してくる
から、「韓国人は成長がいいんだな」と、みんなは信じる。
あれだけ大きければ、「できるな」と思うじゃない？

証言内容が「詩的表現」で済まされるのか

高間　あなたは、ここに出てきたときに、「日本なんか滅んじゃえ。滅んじゃえ」と言っていましたね。

吉元玉守護霊　滅んじゃえ、滅んじゃえ、滅んじゃえ……。

高間　なぜ、そんなに日本が憎《にく》いのですか。隣《となり》の国ですよ。

吉元玉守護霊　だって、併合《へいごう》されたじゃない？

小林　分かりました。それは、これから確認します。

吉元玉守護霊　うん、うん。

小林　幾つか確認したいのですが、あなたの証言のなかに、「初潮前の幼い性器を刃物《はもの》で切り開くなどされた」というものがあります。これは、自分のことですか。

吉元玉守護霊　それって、イスラム教みたいだね。

小林　今までのお話からすると、そういう事実は、全然ないわけですよね。

吉元玉守護霊　ああ、「まだ、青いつぼみで、花が咲《さ》かないから、こじ開けて花を咲かそうとした」ということね。

小林　そういうことを表現したわけですか。

吉元玉守護霊　うーん。詩的表現をしている。

小林　「詩的表現」ですか。分かりました。

「売春婦は、収入のいい職業だ」と得々《とくとく》と語る

吉元玉守護霊　いや、だいたいね、売春婦になるには試験がいるのよ。試験なしで、売春婦にはなれないのよ。

釈　どんな試験なのですか。

吉元玉守護霊　まずは、集めてきているプロの業者が、自分で、使えるかどうかを試《ため》してから、売り物に出すというか、客を取らせるのでね。彼らが試験官として、

試験をしてから出すの。試験官の試験に合格しなくてはいけないから難しいのよ。〝国家試験〟なのよ。とても難しいの。

小林　いちおう確認しますが、それをしたのは韓国人の方ですよね。

吉元玉守護霊　もちろんです。売春婦だって〝国家試験〟なのよ。

小林　韓国人による〝国家試験〟だったわけですね。

吉元玉守護霊　うん。試験を通らなくては、なれないのよ。

釈　〝国家試験〟ということですが、売春婦になれたのは、すごいことなのですか。

吉元玉守護霊　だって、ものすごい収入だもの。

釈　どのくらい、もらっていたのですか。

吉元玉守護霊　よく分からないけど、とにかく、大会社の部長さんぐらいの収入はあったわね。人気があるのよね。

小林　あなたの先輩《せんぱい》のなかには、「自分の地元で、家を軽く二十軒《けん》は建てられるだけの貯金ができた」と言っていた人もいます。

吉元玉守護霊　そうだね。十倍を超えてるから、一種の〝国家試験〟なのよ。いちばん収入のいい職業なのよ。

釈　先日、九十二歳の日本の女性から、「中国にいたときに、（韓国の）慰安婦が、『三年たてば、私はお家《うち》に帰れるの。みんな、お家を建てられるのよ』と、あっけらかんと言っていた」と、私に教えてくれました。

吉元玉守護霊　それは、今、アジアの人が日本に来て、「何年か働けば、一生分、稼《かせ》げる」と言ってるのと同じでしょう？

小林　基本的に、それと同じだったわけですよね。

吉元玉守護霊　そうよ。当時の日本には、金があったからね。

実態は「性奴隷《せいどれい》」などではなかった

釈　それでは、「性奴隷《せいどれい》」ということでは、全然ないですね。

吉元玉守護霊　「奴隷」というのは、よく分からない……。

小林　「奴隷」であれば、対価をもらえないですからね。

吉元玉守護霊　そうですよねえ。「奴隷」というのは、後《のち》の言論人が付けた言葉だと思いますけど。

小林　実は、日本人の弁護士が付けたものです。

吉元玉守護霊　ああ、そうなんですか。まあ、奴隷にしては金儲《かねもう》けできた……。

小林　あなたは、どのくらい、儲かったというか、資産を蓄積《ちくせき》されたのですか。

吉元玉守護霊　さっき、大卒の十倍とか、言ってたでしょう？　それに近いわよ。それに、日本人はお人好しだから、「これで、戦争に出て死ぬだろう」と思ったら、全財産をくれるような人が本当にいるのよ。韓国人と中国人には、こんなことは絶対にありえないけどね。

小林　そういう人がいたのですね。

釈　先ほどの、九十二歳の女性も、そう言っていました。前線に行く前に、「ありがとう。あげるよ」と。

吉元玉守護霊　そうなのよ。そんな人が、何人もいたわよ。だから、家が建つはずよ。だって、「もう帰ってこれない」と思ってるから……。

高間　日本人は、いい人ばかりではないですか。

吉元玉守護霊　いや、いい人ばかりじゃないよ。「いい人もいた」と言ってるだけですよ。

高間　ならば、いい国ですよ。

吉元玉守護霊　でも、日本は、韓国併合をしたので、個人的な良心の痛みから、そういう贖罪《しょくざい》をしてるのよ。国に代わって、個人が、韓国人のいちばん恵《めぐ》まれない人たちにご奉仕《ほうし》してたのよ。

「頭の傷」の原因は、朝鮮《ちょうせん》の人間による暴行

小林　ストレートに実態を教えてくださいまして、ありがとうございました。エドガー・ケイシー霊にお訊《き》きしようかと思っていたのですけれども、もしかしたら、ご本人から教えていただけるかもしれないので……。

吉元玉守護霊　訊く必要ないわよ。アメリカ人だったら、アメリカの〝風俗〟について訊かなくてはいけなくなるでしょう？

小林　それはさておき、あなたは、先週の土曜日の集会において、「慰安所で、日本の兵隊に、鉄砲《てっぽう》の柄《つか》で頭を殴《なぐ》られた。そのときの傷がこれだ」と見せていました。

吉元玉守護霊　それでは強姦《ごうかん》でしょう？　それは強姦の話だわね。強姦するときに

は、そういうふうにしなくてはいけないでしょうね。

小林　要するに、そういう事実はなかったわけですか。

吉元玉守護霊　それは、韓国人《かんこく》が強姦するときのやり方よ。

小林　ということは、あの傷は、韓国人にやられたのですか。

吉元玉守護霊　韓国人は、金を払《はら》わずにセックスするから、そうよ。強姦するときには、暴力を使わなくてはならないでしょう？

小林　ああ、そういうことだったのですね。分かりました。

吉元玉守護霊　日本人は、そんなことしないわよ。

小林　日本人はしないですよね。

吉元玉守護霊　日本人は、ちゃんと金を払うもの。そのへんは、すごくきっちりしているわよ。だから、それは、日本人ではないよ。

・政府の事業としての〝従軍慰安婦《じゅうぐんいあんふ》〟

バックアップしているのは「韓国《かんこく》外務省」なのか

小林　あなたは、ここ数年間、二〇〇六年に早稲田《わせだ》、二〇〇八年に明治大学、二〇一〇年には尼崎《あまがさき》や京都と、日本国内を〝巡業《じゅんぎょう》〟されているのですが、あれは、どなたからか、リクエストされたのですか。

吉元玉守護霊　さっきの人（金福童《キムボットン》守護霊）も言ってたでしょう？　韓国《かんこく》外務省の後援《こうえん》よ。バックアップは外務省なの。

小林　確かに、そうでないと、あそこまで体系的にはできないですよね。

吉元玉守護霊　もちろん、間には入ってますけどね。まあ、外務省の交渉《こうしょう》材料に使われてるから、私たちは、〝秘密兵器〟なの。

釈　〝秘密兵器〟として来ているのですね。

吉元玉守護霊　そうです。

釈　日本に、〝ミサイル〟を撃《う》ち込《こ》みたいわけですね。

吉元玉守護霊　〝ミサイル〟を撃ち込むわけではなくて、日本に永遠に謝罪させることが目的ですから。

釈　自分たちが、〝ミサイル〟のようなものだと……。

吉元玉守護霊　そうですねえ。だけど、〝核《かく》ミサイル〟ではなくて、〝化学兵器を積んだミサイル〟だね。〝毒ガスが入っているミサイル〟だ。これを撃ち込まれたら、日本中が汚染《おせん》されるわね。

小林　あなたは、「自分が日本を汚染する毒だ」という認識をされているのですね。

吉元玉守護霊　それは汚染されるでしょうよ。だって、自分の知らない世代に、「祖先が悪人だった」と教えてるわけだから。

小林　しかし、ありもしなかった事実を仕立て上げて……。

吉元玉守護霊　「ありもしなかった」って、売春はしてたわよ。

小林　売春は、李《り》氏《し》朝鮮《ちょうせん》の時代から、さらに、そのまた昔からありましたよね。

吉元玉守護霊　いや。「従軍慰安婦《じゅうぐんいあんふ》」という名の商売をしているとは思ってなかったけどね。まあ、売春をしてたわよ。

小林　今の一言は、とても重要です。

吉元玉守護霊　「従軍慰安婦」という立派な名前を付けてくれたのは、後《のち》の世の人なのでね。

（釈に）あんたも、働くなら今のうちよお。働けば、家が建つよ。

「政府の仕事をしている」という誇《ほこ》りを示す

小林　今、あなたご自身は、韓国の挺身隊《ていしんたい》問題対策協議会が用意してくれた住居に住んでいるわけですよね。

吉元玉守護霊　警備しなくてはいけないでしょう?

小林　そういう名目ですか。

吉元玉守護霊　日本の右翼《うよく》とかが忍《しの》び込んで、襲《おそ》ってくる可能性があるから、そうなったら困るでしょう?

小林　襲ったりしませんよ。

要するに、慰安婦の少女像を建てた団体の用意してくれたところに住んでいるわけですね。

吉元玉守護霊　あれは、すごいことなのよ。日本の大使館の前に、十三歳《さい》の慰安婦の像を堂々と建てて、それを置いておけるのは、すごいことですよ。ほかの国では、こんなことは絶対にできない。

ほかの国でやったら、絶対に殺されるよ。日本人には殺されないから、いいのよ。

小林　そもそも、挺身隊問題対策協議会のレベルではなく、その上の政府のお墨付《すみつ》きなわけだから、自分では、「堂々とした〝政府の仕事〟をやっている」と認識されているのですね。

吉元玉守護霊　外務省の代わりにやっているんだから、そんなの当たり前じゃない？　日本と戦う材料が、ほかにあるわけないでしょう？

小林　「国家事業としてやっているのだ」と……。

吉元玉守護霊　この〝ミサイル〟を撃ち込まれたら、首相だって落ちるんだから。

小林　「国の意志、政府の意志としてやっているのだ」ということですね。

吉元玉守護霊　安倍《あべ》さんだって、私とは会いたくないでしょうよ。この〝ミサイル〟が当たったら、政権が終わりですから。それくらい強いのよ。

小林　これからは、われわれが、〝パトリオット・ミサイル〟を撃っていきますので、それはいいのですけれども。

吉元玉守護霊　まあ、売春婦はしてたけど、「従軍慰安婦」とは言われていなかったよ。あとから呼んでくれてありがとう。

日本人が、「そういう言い方をしたほうが有利ですよ」と教えてくれたんだから。

「親孝行としての売春は、儒教《じゅきょう》の教えに適《かな》う」という暴言

小林　細かなことですが、売春婦というか、キーセンになられた経緯《けいい》は、先ほどのお話からすると、「自分で応募《おうぼ》した」ということですか。

吉元玉守護霊　まあ、伝統的な職業の一つですから。

小林　確かに、伝統的で、歴史的には、そんなにおかしな職業ではないですね。

吉元玉守護霊　十人に一人ぐらいはキーセンになってますよ。

小林　要するに、普通《ふつう》の就職感覚で……。

吉元玉守護霊　だけど、見栄《みば》えがよくないとなれないから、それは厳しいのよお。今のスターたちの前身なのよ。

やはり、人気が出ないと、そういう商売はできないから、まず、外見《がいけん》が悪いやつは、一発で落とされる。外見がよくて、次に業者の方が試《ため》してみて、よかったら合格なのよ。

小林　試験にパスしたから、遊郭《ゆうかく》に就職したわけですか。

吉元玉守護霊　うん、そうそう。そうしたら、十倍の収入になるわけよ。

釈　それは、日本の感覚とだいぶ違《ちが》いますね。とても立派な職業として尊敬されている一面もあるように思います。

吉元玉守護霊　それは、収入が大きいからね。大きな御殿《ごてん》を建てたら、親には喜ばれる。「韓国は儒教《じゅきょう》の国だ」と言ってるでしょう？　だから、しっかり働いて、稼《かせ》いで、親に家を建ててあげるのは、すごい親孝行で、これは孔子《こうし》様の教えにも適《かな》うことなのよ。

小林　親孝行の一環《いっかん》としてやっていたわけですか。

吉元玉守護霊　親孝行なのよ。一家一族のためにやってるのよ。

小林　分かりました。まさに、自発的意志でされたのですね。

吉元玉守護霊　日本では、「東北の娘《むすめ》が売られた」とは言うけど、「東北の親に家を建ててやった」という話は聞かないでしょう?

小林　それは、物価水準が違いますから、同格には論じられませんよ。

吉元玉守護霊　そうか。それは知らなかった。

小林　いずれにしても、「政府の事業であること」や「その経緯」、「手術との関係」についても分かりました。

〝文化的パワー〟も使って戦っている韓国《かんこく》

吉元玉守護霊　あなたがたねえ、私たちを敵に回すと怖《こわ》いわよ。韓国《かんこく》外務省と戦うことになるんだからね。大変よお。

小林　全然平気ですよ。

吉元玉守護霊　ええ？
日本は、もうすでに韓国には竹島《たけしま》を取られてるんだから。日本の自衛隊なんかじゃ、竹島を取り返せないんだから。だから、韓国のほうが強いのよ。私たちは、竹島を取る力と〝文化的パワー〟と、両方で戦っているのよ。

小林　あなたが政治談義を始めたので言いますが、そんなことを言っていると、北朝鮮にやられてしまいますから、そろそろ考え方を変えなければ駄目《だめ》ですよ。

吉元玉守護霊　北朝鮮にやられるわけないじゃない。韓国のほうが強いに決まってる。

小林　甘《あま》いですね。まあ、いいです。今日は目的が違いますから、その話はしませんけれども。

吉元玉守護霊　うーん。

小林　だから、「われわれと喧嘩《けんか》をしてはいけない」というのは、むしろ、あなた、および韓国政府に対する意見であって、そのことを、少し、はっきりと申し上げておきます。

●「恨《うら》みの国」、韓国《かんこく》

「女性の値打ちは若さ」というのが韓国の価値観？

吉元玉守護霊 （釈に）あんた、なんでそこに座《すわ》ってるのよ。もっと若いのを出しなさい。日本の十三歳《さい》が、どのくらいか、見てみたいから。

釈 青いつぼみですか？

小林 あなたより、ずいぶん若いです。

吉元玉守護霊 日本の十三歳が、どのぐらいグラマーか、見てみたい。どんな体をしてるのか、ちょっと見てみたいわ。

釈　日本では、そういう価値観で女性を見ていません。女性の尊さは、肉体ではないのではありませんか。

吉元玉守護霊　肉体ですよ。何言ってんのよ。

釈　そうなんですか。

吉元玉守護霊　ああ、そうだよ。

小林　このあたりの発言は、全部記録しておきますよ。

吉元玉守護霊　韓国《かんこく》では、女性は、年を取ったら、もう全然値打ちがないのよ。韓国では若いうちが値打ちがある。

小林　今のも記録しておきますよ（笑）。

吉元玉守護霊　年を取ったら、全然値打ちがない。だから、スターだって、消えていくのがすっごく早いでしょう？

日本のスターは、年を取ったら、お母さん役とか、おばあさん役とかになって生き延びてるでしょうけど、韓国だと、もう早くて、年を取ったらサーッと消えていくんだよ。だから、すごく競争が厳しいのよ。分かる？

小林　今のも、とても〝よい〟ご発言ですから、記録しておきます。

吉元玉守護霊　（韓国では）若くて、背が高くて、美人でなくては駄目《だめ》なのよ。韓国《かんこく》大統領・朴槿恵《パククネ》氏は「陰謀家《いんぼうか》だから気をつけろ」

釈　でも、女性の大統領になりましたよね。

吉元玉守護霊　まあ、あれは、ちょっと別の意味だから。それは、お父さんの〝あれ〟もあるし、あの人は、けっこう、陰謀家《いんぼうか》なのよ。あんたがたは「バカだ」と思ってるけど、あの人は陰謀家よ。だから、悪いことはしないように見えるけど、いろんな陰謀を巡《めぐ》らしてる。

小林　気をつけたほうがよいのですね？

吉元玉守護霊　みんな、用心しないから、騙《だま》されるのよ。

小林　ああ。先に中国を訪問しようとしていますからね。

吉元玉守護霊　もとは、私たちと同質よ。あの人は陰謀家なのよ。

小林　陰謀家なのですね？

吉元玉守護霊　日本の安倍《あべ》ぐらい、コロッと騙せるよ。もうすごいよ。だから、同情したら負けよ。注意しておくからね。

小林　ありがとうございます。それに関しては、本当に、日本のいろいろな政治家に聞かせたいですね。

吉元玉守護霊　うーん。「『維新《いしん》の会』を潰《つぶ》す力は秘《ひ》めている」と嘯《うそぶ》く吉元玉守護霊

釈　あなたは、「今度、橋下《はしもと》さんに会ったときには証拠《しょうこ》を出す」とおっしゃっていますが……。

吉元玉守護霊　それはねえ、もう最後は、スカートをめくって、傷ついた私の〝あれ〟を見せてみようかと思う。

小林　では、橋下さんには、「その程度で驚《おどろ》くな」と言っておきますね。

吉元玉守護霊　橋下さんに、「やりたいか?」って訊《き》いてみたいなあ。八十代の韓国女性は、こんなに魅力《みりょく》的な……。

小林　「それくらい言いかねないぞ」と、橋下さんには伝えておきます。

吉元玉守護霊　だから、私は、あんたがたの味方なのよ。「維新《いしん》の会」を潰《つぶ》すかもしれないぐらいの力を秘《ひ》めてるわけで、もしかしたら、あと三日で「維新の会」は潰れるかもしれない。

小林　いえ、重要なことは、「日本は自虐《じぎゃく》史観を払拭《ふっしょく》し、韓国との間にも、本来のあるべき関係を築きたい」ということです。

「日本は、反省の国」「韓国《かんこく》は、恨《うら》みの国」という主張

小林　はっきり申し上げて、すべてを、他の国のせいや、人のせいにする間は、韓《かん》国《こく》は絶対に発展しませんよ。私たちは、そうした考え方を変えていっていただきた

いのであって、今日も、その一環《いっかん》なのです。

吉元玉守護霊　「日本は、反省の国」「韓国は、恨《うら》みの国」。こういうことになってるのよ。

小林　「恨みの国」なのですね。

吉元玉守護霊　うん。

小林　でも、それをずっと続けていると、韓国にはよからぬことが起きると思うので、さっきの方と……。

吉元玉守護霊　あのねえ、「人の悪口を言う」ということは、韓国ではいいことなのよ。

小林　ええ。だから、その考え方を、そろそろ民族として変えていく……。

吉元玉守護霊　「頭がいい」ということなわけよ。「悪口が言えるのは、頭がいい」ということなの。日本は何にも言えないでしょう?　それは、「頭が悪い」ということなのよ。

小林　それは、『聖書』のなかの悪魔《あくま》の発言と、ほとんど同じですから、「そろそろ、そういう考え方は変えていきませんか」ということを、われわれは、これからも申し上げたいと思います。

ただ、それは少しマクロの話なので、今日は、いろいろとお話しいただき、本当にありがとうございました。

日本の総理大臣候補を潰《つぶ》す力を「見せつけたい」

吉元玉守護霊　私は韓国人の意見を代表してるのよ。

小林　それは分かっています。

吉元玉守護霊　だから、別に、狂人《きょうじん》でも、精神病院行きでも、奇人《きじん》変人でも何でもない。韓国人の九十パーセントが、私と同じ意見なんだから。

小林　ええ。だから、その九十パーセントの方々の考え方を、「そろそろ変えていきませんか」という提案を、われわれは正面から言っていきますので。

吉元玉守護霊　私たちは頭がいいから、敵の弱点を見つけたら、そこを徹底《てってい》的に攻《こう》撃《げき》するのよ。

小林　ですが、それは、仏の智慧《ちえ》に敵《かな》うものではありません。「すぐに」とは言いませんが、やはり、先ほどの方と同じで、そろそろ、地上の方に、よいインスピレーションを……。

吉元玉守護霊　私たちの力を見せてやるわ。日本の総理大臣候補を潰《つぶ》せるところを見せてあげるからね。そして、次には、日本の宗教団体が潰れる。

小林　「そういうことを言っていた」という話を橋下さんに言っておきますので。

吉元玉守護霊　ええ？　日本の宗教団体が潰れるよ。活字では弱いかもしれないけど、ＮＨＫの放送で泣いてみせたら、もう、それで終わりよ。

小林　いやいや。一言、言わせていただきますと、今回の、この従軍慰安婦《じゅうぐんいあんふ》の件で調べて分かりましたが、基本的に、韓国の人も韓国政府も臆病《おくびょう》ですね。ものすごく臆病です。

吉元玉守護霊　なんで臆病なの？　臆病なわけないじゃない。

小林　こちら側が本気で出ると、コロッと態度を変えるでしょう？

吉元玉守護霊　そんなことない。

小林　二千年間の歴史のなかでもそうであったことが、すごくよく分かりましたから、別に、その程度の脅《おど》しに脅されるようなわれわれではないので、ご心配いただかなくても、結構です。

吉元玉守護霊　日本は、われわれには、ビクビクしているようにしか見えない。日本は、とにかく怯《おび》えている。

小林　そうやって虚勢《きょせい》を張っていることが、今回、よく分かりましたから。

吉元玉守護霊　怯えてる。怯えて、怯えて。

小林　ここは、あなたと、そういう議論をする場ではありませんので、必要があれば、それは、別途《べっと》、政治レベルでさせていただきたいと思います。

今日は、いろいろなことに関してご説明してくださったことに、たいへん、感謝申し上げたいと思います。

「岸《きし》元首相に満州《まんしゅう》でやられた」という話もつくりたい？

吉元玉守護霊　本当だったら、「安倍さんのおじいさんの、岸《きし》さんに、満州《まんしゅう》でやられたの」って言いたいぐらいなのよ。本当は、そのくらいまで、話をつくりたいんだけど、なかなかつくれないのよ。

高間　「話をつくる」というのは、天に唾《つば》するものですよ。

小林　それだと、あなたは、八歳とか、六歳とか、四歳とかでなければできませんよ。

吉元玉守護霊　いやいや、日本人だったら、八歳だって犯《おか》すかもしれない。

小林　いえいえ。彼が満州で活躍《かつやく》していたのは、あなたが四歳ぐらいのときですよ。

吉元玉守護霊　日本人なら、四歳児でも分からない。

小林　そういう言い方をするのですね？　分かりました。

吉元玉守護霊　幼児性に性欲を感じるかもしれない。

小林　だいたい分かりましたので、今日は、以上とさせていただきます。

吉元玉守護霊　そう？

「従軍慰安婦《じゅうぐんいあんふ》は〝毒ガスミサイル〟だ」という主張

吉元玉守護霊　だから、あなたたちは、私たちの応援《おうえん》をしたほうがいいよ。反対すると、橋下市長の「維新の会」が潰れた次は、「幸福の何とかさん」が潰れるよ。

小林　その前に、韓国が危機を迎《むか》えますから。

吉元玉守護霊　そんなことはないわよ。絶対に安全……。

小林　ですから、その甘《あま》さに関しては、別途、政治的に議論します。

吉元玉守護霊　私たちは、〝毒ガスミサイル〟なんだから、気をつけたほうがいいわよ。あんたがたが「撃《う》ち落とした」と思ったら、もう、毒ガスが日本中に広がるだけだから。

小林　三十八度線から三十分で、ソウルは戦車に占領《せんりょう》されてしまうのでしょう？

そろそろ現実を見なければ駄目ですよ。その議論は、今日は結構です。

吉元玉守護霊　まあ、いいけど、私たちも、〝兵隊〟であり、〝外交官〟だということを知って……。

小林　韓国政府の〝外交官〟だということは、よく分かりました。

吉元玉守護霊　はい。はい。じゃあ……。

小林　はい。どうもありがとうございます。

4　韓国《かんこく》には「本物の宗教」が必要

大川隆法　だいたいのことは話したような気がします。まあ、いいですか。

しかし、「語るに落ちたり」ですね。ただの売春婦です。乗ってきた人を、うまいこと使って、仕立て上げているだけですね。悪い人がいるものです。これは、風《ふう》俗《ぞく》営業で、働き手を集めて稼《かせ》がせている連中と、精神構造は変わりません。

今、歌舞伎町《かぶきちょう》や新大久保《しんおおくぼ》あたりで、韓国《かんこく》系が下火になって収入が減ってきているため、アングラマネーが流れるところが危機感を感じているのでしょう。つまり、そちらの便宜《べんぎ》を図《はか》っている人たちの懐《ふところ》にキックバックされるマネーがあるのだと思いますが、そのルートが細ってきているから、危機感を募《つの》らせているのでしょうね。

早く、まともな人間になったほうがよろしいと思います。まっとうな人間になってください。信仰心《しんこうしん》を持つことが、その始まりだと思います。おそらく、まともな宗教が韓国にないことが問題なのでしょう。

韓国が儒教《じゅきょう》国家などというのは、とんでもない嘘《うそ》です。儒教であれば、両親から頂いた体を大切にしなければいけませんが、韓国では、整形手術が流行《はや》り、整形美人だらけです。みな、整形手術で顔を直しまくっているのですが、あれは儒教に反しています。そういうことをしてはいけないことになっているのです。

それから、孔子《こうし》は、礼《れい》・智《ち》・信《しん》・義《ぎ》・勇《ゆう》を説きましたが、「礼の教え」が最初に来るにもかかわらず、礼儀《れいぎ》をまったく知らないことを平気で行います。これを儒教と名乗るのは、「語るに足らず」で、「朱子《しゅし》学の正統を引いている」などというのは、お笑いですよ。

だから、もう少し、本当の宗教をしっかりと勉強していただきたいと思います。脅《おど》しばかりですね。

ありがとうございました。

あとがき

宮澤元首相も河野元官房長官も、良心的ではあろうとしたが、弱い人たちだった。村山さんに至っては、奇策で首相にかつがれたものの、社会党が嘘ばかりついていたのがバレて、党そのものが崩壊するきっかけとなった。本来首相になるべきではなかった人である。

この村山談話を「全体的に踏襲《とうしゅう》する」とは、安倍首相も、菅《すが》官房長官も、ただの選挙屋、政治屋であることを自白したに等しい。もっと強くあって頂きたい。

本書で私は従軍慰安婦の嘘を見破った。金正恩や習近平、オバマ大統領の本心をスクープしている私にとって、韓国の自称・元従軍慰安婦の嘘を見破ることなど、簡単なことである。韓国政府の情けない失政外交のツケを回されないよう、十分に警戒したほうがよい。北朝鮮、韓国、中国とも、責任を全て外国に押しつけるメンタリティと思想統制の傾向は一緒である。早く正しい宗教観にもとづく、まともな国家になってほしいと思う。

二〇一三年　五月二十二日

世界教師　大川隆法《おおかわりゅうほう》

『神に誓って「従軍慰安婦」は実在したか』大川隆法著作関連書籍

『従軍慰安婦問題と南京大虐殺は本当か?』(幸福の科学出版刊)

『本多勝一の守護霊インタビュー』(幸福実現党刊)

神《かみ》に誓《ちか》って「従軍慰安婦《じゅうぐんいあんふ》」は実在《じつざい》したか

2013年5月28日　初版第1刷

著　者　大《おお》川《かわ》隆《りゅう》法《ほう》

発　行　幸福実現党
〒107-0052 東京都港区赤坂2丁目10番8号
TEL(03)6441-0754

発　売　幸福の科学出版株式会社
〒107-0052 東京都港区赤坂2丁目10番14号
TEL(03)5573-7700
http://www.irhpress.co.jp/

印刷・製本　株式会社 堀内印刷所

落丁・乱丁本はおとりかえいたします
©Ryuho Okawa 2013. Printed in Japan. 検印省略
ISBN978-4-86395-339-0 C0030
写真: Landov/アフロ

大川隆法霊言シリーズ・日本の自虐史観を正す

公開霊言 東條英機、「大東亜戦争の真実」を語る

戦争責任、靖国参拝、憲法改正……。他国からの不当な内政干渉にモノ言えぬ日本。正しい歴史認識を求めて、東條英機が先の大戦の真相を語る。
【幸福実現党刊】

1,400円

本多勝一の守護霊インタビュー

朝日の「良心」か、それとも「独善」か

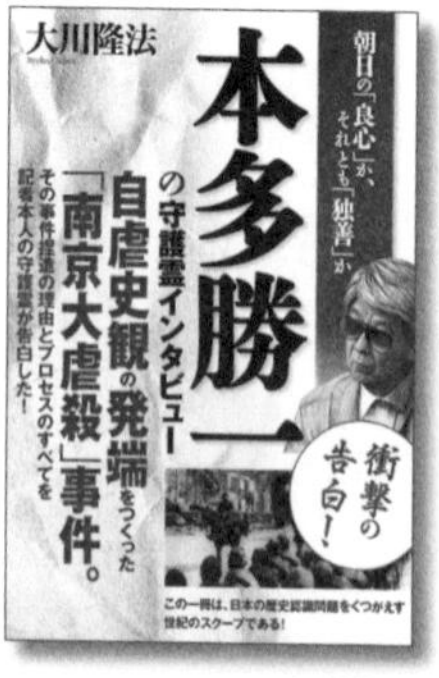

「南京事件」は創作!「従軍慰安婦」は演出! 歪められた歴史認識の問題の真相に迫る。自虐史観の発端をつくった本人(守護霊)が赤裸々に告白!
【幸福実現党刊】

1,400円

従軍慰安婦問題と南京大虐殺は本当か?

左翼の源流 vs. E.ケイシー・リーディング

「従軍慰安婦問題」も「南京事件」も中国や韓国の捏造だった! 日本の自虐史観や反日主義の論拠が崩れる、驚愕の史実が明かされる。

1,400円

※表示価格は本体価格(税別)です。

大川隆法 霊言シリーズ・憲法九条改正・国防問題を考える

スピリチュアル政治学要論

佐藤誠三郎・元東大政治学教授の霊界指南

憲法九条改正に議論の余地はない。生前、中曽根内閣のブレーンをつとめた佐藤元東大教授が、危機的状況にある現代日本政治にメッセージ。

1,400円

憲法改正への異次元発想

憲法学者NOW・
芦部信喜 元東大教授の霊言

憲法九条改正、天皇制、政教分離、そして靖国問題……。参院選最大の争点「憲法改正」について、憲法学の権威が、天上界から現在の見解を語る。
【幸福実現党刊】

1,400円

北条時宗の霊言

新・元寇にどう立ち向かうか

中国の領空・領海侵犯、北朝鮮の核ミサイル……。鎌倉時代、日本を国防の危機から守った北条時宗が、「平成の元寇」の撃退法を指南する！
【幸福実現党刊】

1,400円

大川隆法霊言シリーズ・二十世紀の思想を検証する

公開霊言
ニーチェよ、神は本当に死んだのか？

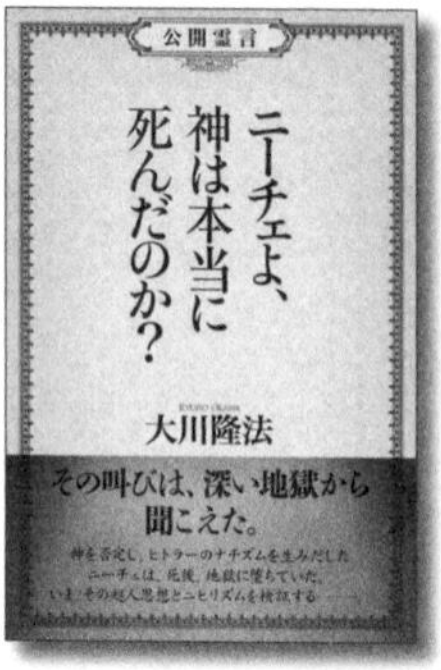

神を否定し、ヒトラーのナチズムを生み出したニーチェは、死後、地獄に堕ちていた。いま、ニーチェ哲学の超人思想とニヒリズムを徹底霊査する。

1,400円

進化論――150年後の真実
ダーウィン／ウォーレスの霊言

ダーウィン「進化論」がもたらした功罪とは？ ウォーレスが唱えた、もうひとつの「進化論」とは？ 現代人を蝕む唯物論・無神論のルーツを解明する。

1,400円

マルクス・毛沢東のスピリチュアル・メッセージ
衝撃の真実

共産主義の創唱者マルクスと中国の指導者・毛沢東。思想界の巨人としても世界に影響を与えた、彼らの死後の真価を問う。

1,500円

※表示価格は本体価格（税別）です。

大川隆法霊言シリーズ・日本復活への提言

渡部昇一流・潜在意識成功法

「どうしたら英語ができるようになるのか」とともに

英語学の大家にして希代の評論家・渡部昇一氏の守護霊が語った「人生成功」と「英語上達」のポイント。「知的自己実現」の真髄がここにある。

1,600円

竹村健一・逆転の成功術

元祖『電波怪獣』の本心独走

人気をつかむ方法から、今後の国際情勢の読み方まで──。テレビ全盛時代を駆け抜けた評論家・竹村健一氏の守護霊に訊く。

1,400円

幸福実現党に申し上げる

谷沢永一の霊言

保守回帰の原動力となった幸福実現党の正論の意義を、評論家・谷沢永一氏が天上界から痛快に語る。驚愕の過去世も明らかに。　【幸福実現党刊】

1,400円

日下公人のスピリチュアル・メッセージ

現代のフランシス・ベーコンの知恵

「知は力なり」──。保守派の評論家・日下公人氏の守護霊が、いま、日本が抱える難問を鋭く分析し、日本再生の秘訣を語る。

1,400円

幸福の科学出版

大川隆法霊言シリーズ・北朝鮮情勢を読む

守護霊インタビュー 金正恩の本心直撃！

ミサイルの発射の時期から、日米中韓への軍事戦略、中国人民解放軍との関係──。北朝鮮指導者の狙いがついに明らかになる。
【幸福実現党刊】

1,400円

長谷川慶太郎の守護霊メッセージ
緊迫する北朝鮮情勢を読む

軍事評論家・長谷川氏の守護霊が、無謀な挑発を繰り返す金正恩の胸の内を探ると同時に、アメリカ・中国・韓国・日本の動きを予測する。

1,300円

北朝鮮の未来透視に挑戦する
エドガー・ケイシー リーディング

「第2次朝鮮戦争」勃発か!? 核保有国となった北朝鮮と、その挑発に乗った韓国が激突。地獄に堕ちた"建国の父"金日成の霊言も同時収録。

1,400円

※表示価格は本体価格(税別)です。

大川隆法霊言シリーズ・中国の今後を占う

中国と習近平に未来はあるか

反日デモの謎を解く

「反日デモ」も、「反原発・沖縄基地問題」も中国が仕組んだ日本占領への布石だった。緊迫する日中関係の未来を習近平氏守護霊に問う。
【幸福実現党刊】

1,400円

周恩来の予言

新中華帝国の隠れたる神

北朝鮮のミサイル問題の背後には、中国の思惑があった！ 現代中国を霊界から指導する周恩来が語った、戦慄の世界覇権戦略とは!?

1,400円

小室直樹の大予言

2015年 中華帝国の崩壊

世界征服か？ 内部崩壊か？ 孤高の国際政治学者・小室直樹が、習近平氏の国家戦略と中国の矛盾を分析。日本に国防の秘策を授ける。

1,400円

大川隆法ベストセラーズ・希望の未来を切り拓く

未来の法

新たなる地球世紀へ

暗い世相に負けるな！ 悲観的な自己像に縛られるな！ 心に眠る無限のパワーに目覚めよ！ 人類の未来を拓く鍵は、一人ひとりの心のなかにある。

2,000円

政治と宗教の大統合

今こそ、「新しい国づくり」を

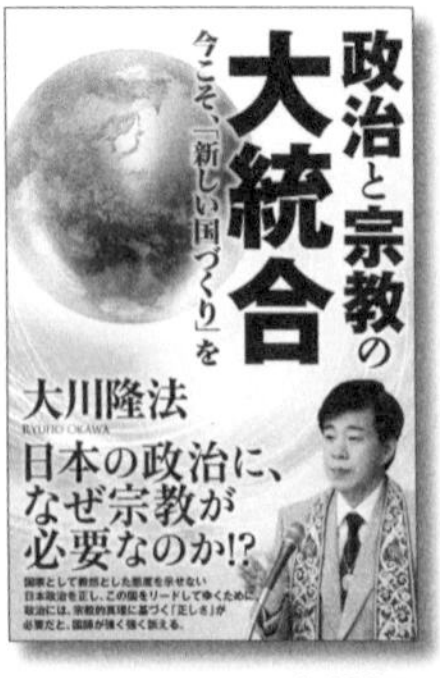

国家の危機が迫るなか、全国民に向けて、日本人の精神構造を変える「根本的な国づくり」の必要性を訴える書。

1,800円

新・日本国憲法 試案

幸福実現党宣言④

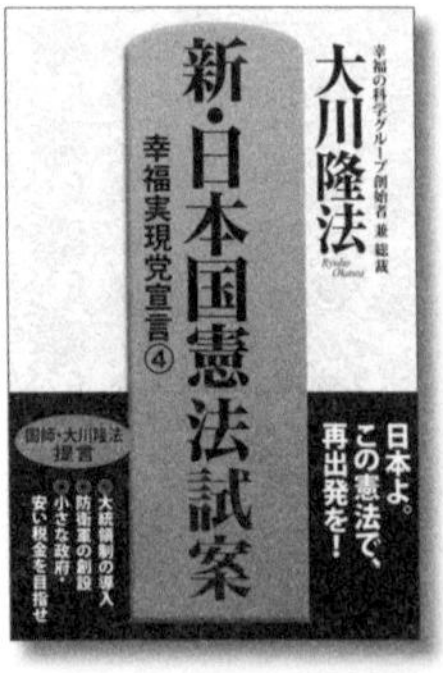

大統領制の導入、防衛軍の創設、公務員への能力制導入など、日本の未来を切り開く「新しい憲法」を提示する。

1,200円

※表示価格は本体価格（税別）です。

幸福実現党
THE HAPPINESS REALIZATION PARTY

党員大募集！

あなたも 幸福実現党 の党員になりませんか。

未来を創る「幸福実現党」を支え、ともに行動する仲間になろう！

党員になると

○幸福実現党の理念と綱領、政策に賛同する18歳以上の方なら、どなたでもなることができます。党費は、一人年間5,000円です。
○資格期間は、党費を入金された日から1年間です。
○党員には、幸福実現党の機関紙が送付されます。

申し込み書は、下記、幸福実現党公式サイトでダウンロードできます。

幸福実現党 本部　〒107-0052 東京都港区赤坂 2-10-8　TEL03-6441-0754　FAX03-6441-0764

幸福実現党公式サイト

・幸福実現党のメールマガジン "HRP ニュースファイル" や "Happiness Letter" の登録ができます。

・動画で見る幸福実現党——
幸福実現TVの紹介、党役員のブログの紹介も！

・幸福実現党の最新情報や、政策が詳しくわかります！

http://www.hr-party.jp/

もしくは 幸福実現党 検索

幸福実現党

国政選挙 候補者募集！

**幸福実現党では衆議院議員選挙、
ならびに参議院議員選挙の候補者を公募します。
次代の日本のリーダーとなる、
熱意あふれる皆様の
応募をお待ちしております。**

応募資格	日本国籍で、当該選挙時に被選挙権を有する幸福実現党党員 （投票日時点で衆院選は満25歳以上、参院選は満30歳以上）
公募受付期間	随時募集
提出書類	① 履歴書、職務経歴書（写真貼付） ※希望する選挙、ならびに選挙区名を明記のこと ② 論文：テーマ「私の志」（文字数は問わず）
提出方法	上記書類を党本部までＦＡＸの後、郵送ください。

幸福実現党本部
〒107-0052　東京都港区赤坂 2-10-8
TEL 03-6441-0754　FAX 03-6441-0764